NEGOCIAÇÃO
E RELAÇÕES
SINDICAIS

NEGOCIAÇÃO E RELAÇÕES SINDICAIS

GISELLY SANTOS MENDES

Rua Clara Vendramin, 58 . Mossunguê . CEP 81200-170
Curitiba . PR . Brasil . Fone: (41) 2106-4170
www.intersaberes.com
editora@intersaberes.com

Conselho editorial
Dr. Ivo José Both (presidente)
Dr. Alexandre Coutinho Pagliarini
Drª Elena Godoy
Dr. Neri dos Santos
Dr. Ulf Gregor Baranow

Editora-chefe
Lindsay Azambuja

Gerente editorial
Ariadne Nunes Wenger

Assistente editorial
Daniela Viroli Pereira Pinto

Revisão de texto
Tiago Krelling Marinaska

Edição de texto
Letra & Língua Ltda. - ME
Tiago Krelling Marinaska

Capa
Débora Gipiela (*design*)
Dragon Images e ASDF_MEDIA/
Shutterstock (imagens)

Projeto gráfico
Laís Galvão dos Santos
nBhutinat/Shutterstock (imagens)

Diagramação
Regiane Rosa

Responsável pelo *design*
Débora Gipiela

Iconografia
Maria Elisa Sonda
Regina Claudia Cruz Prestes

Dados Internacionais de Catalogação na Publicação (CIP)
(Câmara Brasileira do Livro, SP, Brasil)

Mendes, Giselly Santos

Negociação e relações sindicais/Giselly Santos Mendes. Curitiba : Editora Intersaberes, 2021.

Bibliografia.
ISBN 978-85-227-0367-8

1. Direito do trabalho – Brasil 2. Negociação coletiva de trabalho 3. Sindicatos – Brasil I. Título.

21-78477   CDU-34:331.1:331.881

Índice para catálogo sistemático:
1. Negociação coletiva de trabalho:
Direito do trabalho 34:331.1:331.881

Cibele Maria Dias – Bibliotecária – CRB-8/9427

1ª edição, 2021.
Foi feito o depósito legal.

Informamos que é de inteira responsabilidade da autora a emissão de conceitos.
Nenhuma parte desta publicação poderá ser reproduzida por qualquer meio ou forma sem a prévia autorização da Editora InterSaberes.
A violação dos direitos autorais é crime estabelecido na Lei n. 9.610/1998 e punido pelo art. 184 do Código Penal.

SUMÁRIO

Apresentação, 8
Como aproveitar ao máximo este livro, 12

Capítulo 1
Reforma Trabalhista e relações individuais e coletivas de trabalho, 16
1.1 Reforma Trabalhista e suas implicações, 21
1.2 Relações individuais e coletivas do trabalho, 23
1.3 OIT no direito do trabalho, 34

Capítulo 2
Princípios do direito sindical, 50
2.1 Princípio da liberdade sindical, 55
2.2 Princípio da autorregulamentação, 61
2.3 Princípio da adequação setorial negociada, 64
2.4 Princípio da boa-fé ou lealdade e transparência, 66
2.5 Antecedentes do sindicalismo, 68

Capítulo 3
Estrutura sindical brasileira, 82

3.1 Organização e estrutura sindical brasileira atual, 87
3.2 Estrutura sindical, 87
3.3 Unicidade e pluralidade sindical, 95
3.4 Registro sindical, 100
3.5 Funções, prerrogativas e receitas sindicais, 103
3.6 Proteções à atuação sindical e garantias sindicais, 110

Capítulo 4
Organização dos empregados nas empresas, 124

4.1 Organização dos empregados nas empresas, 129
4.2 Comissões de conciliação prévia, 135
4.3 Funções e importância da negociação coletiva trabalhista, 142
4.4 Etapas e princípios da negociação coletiva, 145
4.5 Limites da negociação coletiva, 151

Capítulo 5
Formas de solução de conflitos coletivos de trabalho, 158

5.1 Fórmulas autocompositivas e heterocompositivas, 163
5.2 Modalidades de resolução de conflitos coletivos, 164
5.3 Convenção e acordo coletivos de trabalho: distinções, 168
5.4 Arbitragem e mediação no direito coletivo do trabalho, 169
5.5 Diplomas negociais coletivos: convenção e acordo coletivos de trabalho, 175
5.6 Condutas antissindicais, 184

Capítulo 6
Extinção e rescisão do contrato de trabalho, 188

6.1 Extinção do contrato de trabalho, 193
6.2 Assistência do sindicato na rescisão do contrato de trabalho, 199
6.3 Considerações sobre a Lei n. 13.467/2017, 201
6.4 Impactos da Reforma Trabalhista nos sindicatos, 211
6.5 Impactos da Reforma Trabalhista nas negociações coletivas, 212

Considerações finais, 226
Referências, 230
Bibliografia comentada, 236
Sobre a autora, 240

APRE SENTA ÇÃO

N estas considerações introdutórias, expomos alguns dos conceitos relacionados às relações dos indivíduos em seu ambiente de trabalho, visando a uma melhor maneira de compreender o conteúdo aqui apresentado.
Buscando superar os desafios para a transmissão desse conhecimento, optamos por referenciar uma parcela significativa da literatura especializada e dos estudos científicos a respeito dos temas abordados. Além disso, apresentamos uma diversidade de indicações culturais para enriquecer o processo de construção dos saberes e procuramos oferecer aportes práticos com relação à informação.
Visando elencar os principais tópicos aqui trabalhados, destacamos, primeiramente, a abordagem do Capítulo 1, em que expomos os impactos da Reforma Trabalhista e as relações individuais e coletivas de trabalho. Não nos limitando a esses pontos, traçamos o que vêm a ser os direitos difuso, coletivo e individual homogêneo.
A ênfase do Capítulo 2 reside nos princípios relacionados ao direito sindical: da liberdade sindical, da autorregulamentação, da adequação setorial negociada e da boa-fé.

Nos Capítulos 3 e 4, explicamos o que vem a ser, de fato, um sindicato e evidenciamos sua importância, abordando, inclusive, as centrais sindicais e as respectivas garantias. Além disso, tratamos da organização dos empregados no ambiente empresarial e das negociações coletivas.

Por sua vez, debatemos, no Capítulo 5, as formas de solução de conflito dos trabalhadores, tratando da autocomposição e da heterocomposição. Na sequência, analisamos a greve, os direitos a ela relacionados e as condutadas antissindicais.

Por fim, no Capítulo 6, discutimos a extinção do contrato de trabalho, bem como a prestação de assistência por parte do sindicato na ocasião da rescisão.

Partindo desses pontos, é possível perceber os direitos dos trabalhadores e a importância do sindicato e da negociação no ambiente de trabalho.

Como aproveitar ao máximo este livro

Empregamos nesta obra recursos que visam enriquecer seu aprendizado, facilitar a compreensão dos conteúdos e tornar a leitura mais dinâmica. Conheça a seguir cada uma dessas ferramentas e saiba como estão distribuídas no decorrer deste livro para bem aproveitá-las.

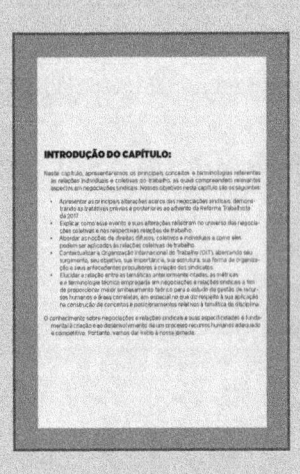

Introdução do capítulo
Logo na abertura do capítulo, informamos os temas de estudo e os objetivos de aprendizagem que serão nele abrangidos, fazendo considerações preliminares sobre as temáticas em foco.

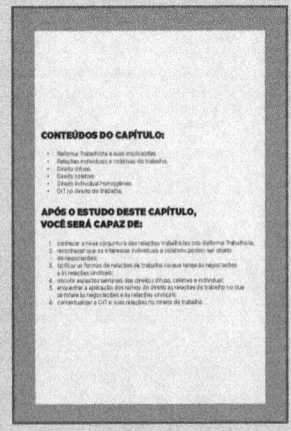

Conteúdos do capítulo
Logo na abertura do capítulo, relacionamos os conteúdos que nele serão abordados.

Após o estudo deste capítulo, você será capaz de:
Antes de iniciarmos nossa abordagem, listamos as habilidades trabalhadas no capítulo e os conhecimentos que você assimilará no decorrer do texto.

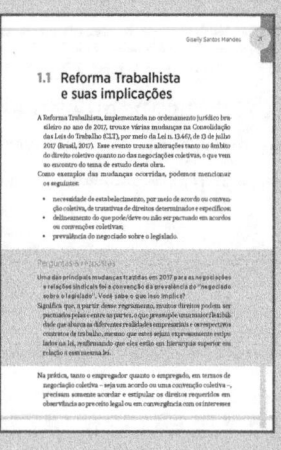

Perguntas & respostas

Nesta seção, respondemos a dúvidas frequentes relacionadas aos conteúdos do capítulo.

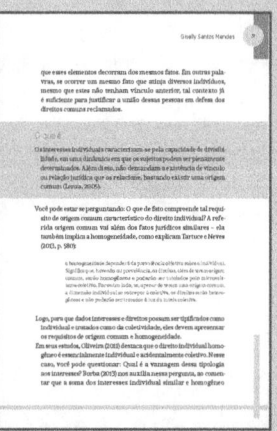

O que é

Nesta seção, destacamos definições e conceitos elementares para a compreensão dos tópicos do capítulo.

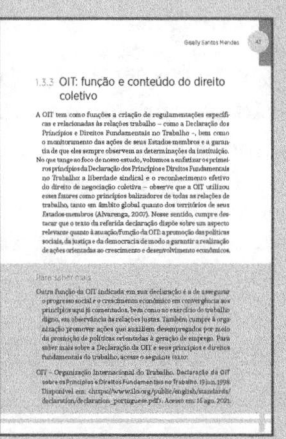

Para saber mais

Sugerimos a leitura de diferentes conteúdos digitais e impressos para que você aprofunde sua aprendizagem e siga buscando conhecimento.

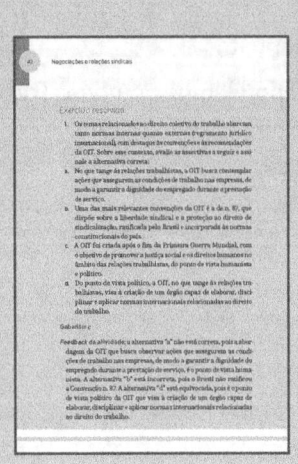

Exercícios resolvidos

Nesta seção, você acompanhará passo a passo a resolução de alguns problemas complexos que envolvem os assuntos trabalhados no capítulo.

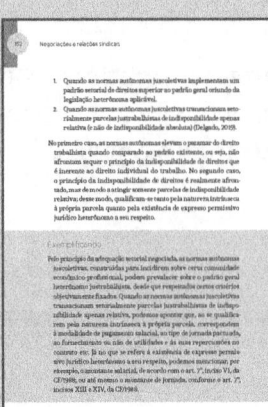

Exemplificando

Disponibilizamos, nesta seção, exemplos para ilustrar conceitos e operações descritos ao longo do capítulo a fim de demonstrar como as noções de análise podem ser aplicadas.

Importante!

Algumas das informações centrais para a compreensão da obra aparecem nesta seção. Aproveite para refletir sobre os conteúdos apresentados.

Síntese

Ao final de cada capítulo, relacionamos as principais informações nele abordadas a fim de que você avalie as conclusões a que chegou, confirmando-as ou redefinindo-as.

Estudo de caso

Nesta seção, relatamos situações reais ou fictícias que articulam a perspectiva teórica e o contexto prático da área de conhecimento ou do campo profissional em foco com o propósito de levá-lo a analisar tais problemáticas e a buscar soluções.

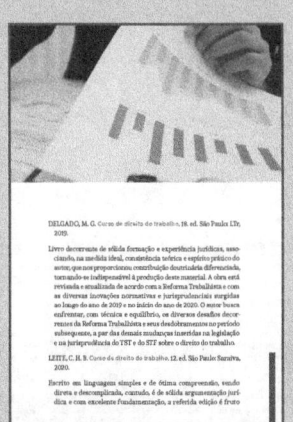

Bibliografia comentada

Nesta seção, comentamos algumas obras de referência para o estudo dos temas examinados ao longo do livro.

REFORMA TRABALHISTA E RELAÇÕES INDIVIDUAIS E COLETIVAS DE TRABALHO

1

INTRODUÇÃO DO CAPÍTULO:

Neste capítulo, apresentaremos os principais conceitos e terminologias referentes às relações individuais e coletivas do trabalho, as quais compreendem relevantes aspectos em negociações sindicais. Nossos objetivos neste capítulo são os seguintes:

- Apresentar as principais alterações acerca das negociações sindicais, demonstrando as tratativas prévias e posteriores ao advento da Reforma Trabalhista de 2017.
- Explicar como esse evento e suas alterações refletiram no universo das negociações coletivas e nas respectivas relações de trabalho.
- Abordar as noções de direitos difusos, coletivos e individuais e como eles podem ser aplicados às relações coletivas de trabalho.
- Contextualizar a Organização Internacional do Trabalho (OIT), abarcando seu surgimento, seu objetivo, sua importância, sua estrutura, sua forma de organização e seus antecedentes propulsores à criação dos sindicatos.
- Elucidar a relação entre as temáticas anteriormente citadas, as métricas e a terminologia técnica empregada em negociações e relações sindicais a fim de proporcionar maior embasamento teórico para o estudo de gestão de recursos humanos e áreas correlatas, em especial no que diz respeito à sua aplicação na construção de conceitos e posicionamentos relativos à temática da disciplina.

O conhecimento sobre negociações e relações sindicais e suas especificidades é fundamental à criação e ao desenvolvimento de um processo recursos humanos adequado e competitivo. Portanto, vamos dar início à nossa jornada.

CONTEÚDOS DO CAPÍTULO:

- Reforma Trabalhista e suas implicações.
- Relações individuais e coletivas do trabalho.
- Direito difuso.
- Direito coletivo.
- Direito individual homogêneo.
- OIT no direito do trabalho.

APÓS O ESTUDO DESTE CAPÍTULO, VOCÊ SERÁ CAPAZ DE:

1. conhecer a nova conjuntura das relações trabalhistas pós-Reforma Trabalhista;
2. reconhecer que os interesses individuais e coletivos podem ser objeto de negociações;
3. tipificar as formas de relações de trabalho no que tange às negociações e às relações sindicais;
4. discutir aspectos seminais dos direitos difuso, coletivo e individual;
5. enquadrar a aplicação dos ramos do direito às relações de trabalho no que se refere às negociações e às relações sindicais;
6. contextualizar a OIT e suas relações no direito do trabalho.

1.1 Reforma Trabalhista e suas implicações

A Reforma Trabalhista, implementada no ordenamento jurídico brasileiro no ano de 2017, trouxe várias mudanças na Consolidação das Leis do Trabalho (CLT), por meio da Lei n. 13.467, de 13 de julho 2017 (Brasil, 2017). Esse evento trouxe alterações tanto no âmbito do direito coletivo quanto no das negociações coletivas, o que vem ao encontro do tema de estudo desta obra.

Como exemplos das mudanças ocorridas, podemos mencionar os seguintes:

- necessidade de estabelecimento, por meio de acordo ou convenção coletiva, de tratativas de direitos determinados e específicos;
- delineamento do que pode/deve ou não ser pactuado em acordos ou convenções coletivas;
- prevalência do negociado sobre o legislado.

Perguntas & respostas

Uma das principais mudanças trazidas em 2017 para as negociações e relações sindicais foi a convenção da prevalência do "negociado sobre o legislado". Você sabe o que isso implica?

Significa que, a partir desse regramento, muitos direitos podem ser pactuados pelas e entre as partes, o que pressupõe uma maior flexibilidade que abarca as diferentes realidades empresariais e os respectivos contratos de trabalho, mesmo que estes sejam expressamente estipulados na lei, reafirmando que eles estão em hierarquia superior em relação a essa mesma lei.

Na prática, tanto o empregador quanto o empregado, em termos de negociação coletiva – seja um acordo ou uma convenção coletiva –, precisam somente acordar e estipular os direitos requeridos em observância ao preceito legal ou em convergência com os interesses da categoria representada. Desse modo, as partes podem adequar seus contratos de trabalho alinhando as necessidades individuais e coletivas.

Exemplificando

Um exemplo de situação passível de acordo pelas partes é o teletrabalho, previsto no art. 6º da CLT, no qual as partes podem acordar a realização da atividade laboral fora do ambiente do empregador. Nesse caso, o profissional pode realizar suas atividades em sua residência.

O teletrabalho, de acordo com Correia (2018), consiste em uma atividade moderna, necessária ao país, visto que outras nações já utilizam esse recurso como modo de contratação. O autor destaca que essa modalidade observa a redução de custos, maior flexibilidade de jornada de trabalho (variação de configuração), incremento de produtividade e ampliação do trabalho formal.

Outra mudança decorrente da Reforma Trabalhista refere-se às horas extras e aos bancos de horas, que agora podem ser acordados diretamente de forma individual ou coletiva.

Assim, podemos perceber que as negociações coletivas são apresentadas em muitas das alterações propostas pela Reforma Trabalhista. Além disso, ao contrário do que se pensa, a presença e a ação sindicais devem se fortalecer, visto que a demanda por uma representação capaz de realizar e conduzir adequadas negociações, baseadas no respeito e alinhadas aos interesses das categorias representadas, será cada vez mais elevada. No entanto, é importante destacar que tais mudanças, provenientes de negociações coletivas, terão validade de, no máximo, dois anos, conforme previsto no art. 614 da CLT.

Cumpre destacar que, após esse prazo, novas formas de negociações devem ser realizadas, de modo que as categorias sempre estejam atualizando e revisando seus contratos. Logo, pressupõe um processo significativo de mudança, pois estimula a constante negociação e, consequentemente, uma maior atuação dos sindicatos das categorias.

> **Para saber mais**
>
> A negociação coletiva assumiu novo papel em face da nova realidade das relações de trabalho advindas da Reforma Trabalhista de 2017. Para maiores esclarecimentos e acesso a todas as mudanças relacionadas a esse evento, indicamos o acesso da Lei n. 13.467/2017 na íntegra:
>
> BRASIL. Lei n. 13.467, de 13 de julho de 2017. **Diário Oficial da União**, Poder Legislativo, Brasília, DF, 14 jul. 2017. Disponível em: <http://www.planalto.gov.br/ccivil_03/_ato2015-2018/2017/lei/l13467.htm>. Acesso em: 16 ago. 2021.

Por fim, a Reforma Trabalhista prevê que, independentemente da situação, os acordos coletivos prevalecerão sobre as convenções coletivas, visto que, em relação a estas últimas, aqueles são mais específicos.

1.2 Relações individuais e coletivas do trabalho

Ao iniciarmos nosso estudo acerca das relações coletivas de trabalho, é importante destacar que essas dinâmicas estão diretamente relacionadas ao processo de negociação coletiva, que, por sua vez, ocorre pela participação e representação de sindicatos no que se refere aos interesses e direitos individuais e coletivos. As relações de trabalho, do ponto de vista das negociações sindicais, auxiliam na busca de soluções mais adequadas para que as partes atinjam seus objetivos. Nos campos individual e coletivo, as relações trabalhistas abrangem os direitos difuso, coletivo e individual, ou seja, o direito transindividual, o qual se encontra entre o interesse público e o privado. Sobre isso, Mazzilli (2008, p. 48) indica que tais interesses "são mais que meramente individuais, porque são compartilhados por grupos, classes ou categorias de pessoas". Assim, enfatizamos que as relações coletivas de trabalho decorrem da resolução de conflitos transindividuais, ou seja, daqueles que derivam de ações relacionadas aos ramos do direito anteriormente mencionados.

O que é

Direito transindividual é aquele que se caracteriza não apenas pelo fato de ser compartilhado por múltiplos titulares reunidos pela mesma relação jurídica, mas também pela necessidade de acesso individual à Justiça de modo coletivo, solucionando adequadamente a demanda indicada, bem como evitando insegurança em face dos processos jurídicos.

Nesse sentido, é importante destacar que o estudo dos direitos difuso, coletivo e individual é antigo na área do direito, haja vista ser referente a temas frequentemente presentes em deliberações jurídicas e estruturas de enquadramento de certos tipos de direitos e garantias fundamentais, decorrentes da evolução social e de seus consequentes conflitos. Observe que tal estudo decorre da necessidade de regulação de certos direitos, sejam individuais, sejam coletivos, e garantir que ambos os campos tenham os mesmos direitos, quando não for possível determinar e individualizar tais benefícios.

Importante

A Constituição Federal de 1988 (CF/1988) determina e fundamenta a proteção dos direitos difuso e coletivo, inclusive no que se refere à representação. De acordo com o evidenciado no art. 5º, inciso XXI, da Lei Maior, "as entidades associativas, quando expressamente autorizadas, têm legitimidade para representar seus filiados judicial e extrajudicialmente" (Brasil, 1988).

O direito individual, segundo Zavascki (2009), diz respeito aos direitos subjetivos individuais (referentes ao poder de uma pessoa de fazer valer seus direitos individuais). Nesse contexto, a qualificação em homogêneo (direito individual que pode ser tutelado coletivamente) não implica alteração de sua natureza, ou seja, trata-se apenas de um termo qualificativo empregado para identificar um conjunto de direitos ligados por uma relação de afinidade, semelhança, homogeneidade, o que lhe franqueia a defesa conjunta. Por outro lado, os direitos coletivos, fundamentos desta obra, são tratados pelo Código de Defesa do Consumidor – CDC (Lei n. 8.078, de 11 de setembro de 1990).

Passemos, agora, à conceituação mais específica dos direitos analisados nesta obra, começando com o direito difuso.

1.2.1 Direito difuso

No art. 81 do CDC, fica estipulado que o interesse ou direito difuso é compreendido como transindividual, de natureza indivisível, cujos titulares constituem pessoas indeterminadas e ligadas por circunstâncias de fato. Aqui, é importante que você perceba que determinada situação somente poderá ser enquadrada no direto difuso se disser respeito a um grande número de pessoas e, além disso, seja impossível de divisão.

Analisando o exposto, podemos afirmar que a violação do referido direito não incide apenas sobre uma pessoa ou um grupo – todos suportarão igualmente tal violação. Para exemplificar, citamos Tartuce e Neves (2013, p. 575): "qualquer decisão que seja tomada por um juiz no curso de um processo que envolva um direito difuso deverá se estender a todos os titulares do direito difuso específico, de maneira indistinta".

Fadel (1996) assim caracteriza o direito difuso:

- **transindividual**, visto que ultrapassa o âmbito pessoal do indivíduo, pois não pertence exclusivamente a ele, mas a todos;

- **indivisível**, pois não pode fragmentar-se, sendo pertencente à coletividade;
- **indeterminável**, porque se refere aos seus titulares, que não podem ser individualizados, da mesma maneira que nenhum indivíduo pode intitular-se como sujeito;
- **factual**, pois se refere à circunstância pela qual seus titulares são relacionados, podendo ser por meio de um simples fato ou por relação jurídica.

Perceba, então, que o direito do trabalhador, no que tange às relações coletivas, não pode ser considerado direito difuso, pois, em situações de resolução de conflitos em relações de trabalho, é possível a direta identificação de seus destinatários. Contudo, em determinadas situações, e de forma excepcional, será possível compreender que determinados interesses poderão atingir toda a população.

1.2.2 Direito coletivo

Conforme definição do art. 81 do CDC, *direitos coletivos* são aqueles caracterizados como transindividuais e indivisíveis. Podemos observar que essa categoria guarda semelhança com o direito difuso, visto que ultrapassa a noção limitante de aspectos do direito privado ou particular, bem como se mostra indivisível, contudo, possibilitando a determinação de seus titulares. Portanto, os direitos coletivos podem apresentar-se como indeterminados, mas são passiveis de identificação. Nesse viés, é importante destacar que esse grupo de direitos se refere àqueles atribuídos a determinada classe de pessoas, não sendo possível realizar distinção entre elas nesse recorte. Em outras palavras, embora se saiba qual categoria realiza certa reclamatória, seus elementos individuais não são considerados, e sim essa coletividade como um todo, visto que seus integrantes são unidos por uma relação anterior.

Acerca dos direitos coletivos, Silva (2009) indica que estes são apresentados ao longo do texto constitucional, sendo, em sua maior parte, sumarizados pelos direitos sociais relacionados à liberdade de associação profissional e sindical, ao direito de greve, à participação em colegiados e à representação diante do empregador, temas relacionados ao ponto central de estudo desta obra. Conforme Tartuce e Neves (2013), essa relação jurídica pode ocorrer por duas maneiras: entre sujeitos, classes ou categorias, ou destes para outro sujeito comum que viole ou ameace seus direitos.

Importante

O estabelecimento das relações sociais de trabalho e ações orientadas à defesa dos direitos dos trabalhadores parte da premissa de que há um grupo de indivíduos titulares de direitos iguais, provenientes e característicos de uma coletividade baseada em uma relação jurídica similar. Sendo esse aspecto inerente às negociações coletivas, desde já podemos apontar o papel dos sindicatos, que representam coletividades compostas por empregados ou por empregadores.

Borba (2013) também trata do interesse da coletividade ao indicar como exemplo um empregado que requer reposição salarial motivada pela perda de poder aquisitivo de seus vencimentos – trata-se de uma demanda similar à dos integrantes de sua categoria. O estudioso ainda cita mais dois casos:

- hipótese de profissionais de saúde que desejam revisar o cumprimento de sua carga horária, fixada por lei, de acordo com cada segmento;
- possibilidade de profissionais vigilantes reivindicarem pagamento de adicional noturno para a categoria, previsto em lei.

Observe que, nessas situações, o interesse e o direito não pertence a apenas um, mas a todos, indistintamente das respectivas categorias.

O direito coletivo pode ser defendido e exercido sob diferentes vieses. As instituições de direito coletivo do trabalho estão dispostas na Figura 1.1, a seguir.

Figura 1.1 – Instituições de direito coletivo do trabalho

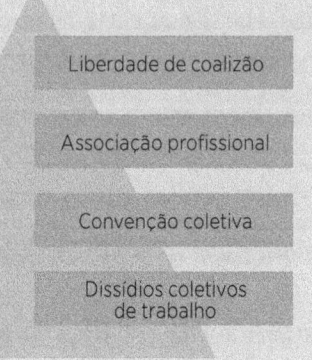

- Liberdade de coalizão
- Associação profissional
- Convenção coletiva
- Dissídios coletivos de trabalho

Fonte: Elaborado com base em Borba, 2013.

Por fim, perceba que as negociações coletivas e as relações sindicais são relacionadas aos direitos coletivos, visto que abarcam o respeito aos interesses de um grupo específico, de difícil individualização, mas identificável.

1.2.3 Classificação das relações coletivas de trabalho

Vamos, neste tópico, demonstrar como se configuram as relações coletivas no Brasil. No entanto, antes de comentá-las, precisamos apresentar a definição de *relações coletivas de trabalho*. De acordo com Mazzoni (1972), elas compreendem o conjunto de relações sociais, que podem ser ou não reguladas por lei, existentes entre as organizações sindicais de empregadores e empregados, entre organizações de empregados e a empresa ou entre representantes qualificados de empregados e empregadores. Logo, as relações coletivas de trabalho podem ser classificadas em:

- sindicais;
- das coletividades e dos grupos.

Levando em consideração a contextualização sobre o direito coletivo que realizamos anteriormente e a tipologia das relações coletivas de trabalho que acabamos de apresentar, podemos indicar que essa categoria do direito atua tanto sob a perspectiva sindical quanto das coletividades e dos grupos.

Para Borba (2013), tal tipologia decorre de direitos e garantias fundamentais do trabalhador, que, por sua vez, são compartilhados por categorias ou conjuntos de sujeitos. Esses grupos, quando em similar posição jurídica, isto é, na mesma relação jurídica, podem estabelecer relações coletivas de trabalho, com vistas ao adequado regimento de suas condições de trabalho.

Assim, perceba que existem relações coletivas de trabalho de cunho sindical (representação de dada categoria), mas também as de natureza não sindical. Vejamos as diferenças entre elas no Quadro 1.1, a seguir.

Quadro 1.1 – Relações coletivas de trabalho

Sindicais	Abrangem os direitos difusos, coletivos e individuais homogêneos
Não sindicais	Surgem de eventos que não compõem parte de um mesmo vínculo, como as anteriores

Confirmando o exposto, Nascimento (2003, p. 19), indica que há "relações coletivas de trabalho nas quais o sindicato pode não estar envolvido. Existem representações de trabalhadores, na empresa, não sindicais". Sob o prisma das relações não sindicais, Delgado (2014) cita o exemplo de greves feitas contra ou sem a direção sindical. Cumpre destacar que as dinâmicas do tipo não sindical também podem ser denominadas como *das coletividades e dos grupos*. Nossa Constituição trata do tema em seu art. 11: organizações com mais de 200 empregados têm assegurado o direito de eleger uma representante que lhes represente e auxilie no entendimento direto com seu empregador (Brasil, 1988).

Assim, no que tange às relações coletivas de trabalho, é importante considerar que, embora o ramo do direito coletivo preveja a defesa de interesses e direitos dos trabalhores via relações sindicais, relações coletivas de trabalho sem a participação sindical são possíveis tanto do ponto de vista patronal quanto do ponto de vista dos trabalhadores.

Perguntas & respostas

Qual é a diferença entre as relações sindical e não sindical?
A maioria das dinâmicas de trabalho envolve relações coletivas via sindicato, que, por sua vez, representa os empregados de determinada classe ou categoria. Contudo, há eventos nos quais o empregado ou empregador pode atuar diretamente sob determinado aspecto, sem, contudo, demandar uma representação, o que caracteriza uma relação coletiva não sindical.

1.2.4 Direito individual homogêneo

Recorrendo mais uma vez ao art. 81 do CDC, podemos afirmar que o interesse ou direito individual é compreendido como aquele decorrente de uma origem comum. Ao contrário das tipologias que já comentamos – que se caracterizam pela indivisibilidade de interesses e pela indeterminação de sujeitos –, no direito individual homogêneo os sujeitos são determinados, o que permite a divisão e o enquadramento dos interesses individuais.

Nesse tipo de discussão e avaliação de interesses, não se observa a obrigatoriedade de existência de uma relação anterior – basta que esses elementos decorram dos mesmos fatos. Em outras palavras, se ocorrer um mesmo fato que atinja diversos indivíduos, mesmo que estes não tenham vínculo anterior, tal contexto já é suficiente para justificar a união dessas pessoas em defesa dos direitos comuns reclamados.

O que é

Os interesses individuais caracterizam-se pela capacidade de divisibilidade, em uma dinâmica em que os sujeitos podem ser plenamente determinados. Além disso, não demandam a existência de vínculo ou relação jurídica que os relacione, bastando existir uma origem comum (Lenza, 2005).

Você pode estar se perguntando: O que de fato compreende tal requisito de origem comum característico do direito individual? A referida origem comum vai além dos fatos jurídicos similares – ela também implica a homogeneidade, como explicam Tartuce e Neves (2013, p. 580):

> a homogeneidade dependerá da prevalência objetiva sobre a individual. Significa que, havendo tal prevalência, os direitos, além de terem origem comum, serão homogêneos e poderão ser tutelados pelo microssistema coletivo. Por outro lado, se, apesar de terem uma origem comum, a dimensão individual se sobrepor à coletiva, os direitos serão heterogêneos e não poderão ser tratados à luz da tutela coletiva.

Logo, para que dados interesses e direitos possam ser tipificados como individual e tratados como da coletividade, eles devem apresentar os requisitos de origem comum e homogeneidade.

Em seus estudos, Oliveira (2011) destaca que o direito individual homogêneo é essencialmente individual e acidentalmente coletivo. Nesse caso, você pode questionar: Qual é a vantagem dessa tipologia aos interesses? Borba (2013) nos auxilia nessa pergunta, ao comentar que a soma dos interesses individual similar e homogêneo orienta os titulares a formar redes coletivas e, assim, fortalecer seu posicionamento.

Essa visão facilita nossa compreensão de como o direito individual homogêneo encontra espaço no direito coletivo do trabalho, visto que há situações representativas do exercício de um direito que, em razão de sua condição e e de seu vínculo jurídico, também afetam certa quantidade de indivíduos que podem unir-se em defesa de seus direitos.

Exemplificando

Imagine a seguinte situação ilustrada na Figura 1.2, a seguir: um comboio de caminhões carregados de produto inflamável sofre um sinistro durante o transporte, derramando o composto sobre a pista e as estruturas ao redor. Observe que o agente de risco ameaça com a morte tanto empregados quanto os terceiros envolvidos no evento, afetando, assim, seus direitos individuais homogêneos e incentivando-os a se unir em um processo coletivo.

Figura 1.2 – Exemplo de direito individual homogêneo, com união de um coletivo

jpreat/Shutterstock

Observe que o exemplo apresentado corrobora o comentado pelos autores anteriormente citados, isto é, uma situação de origem comum e homogênea deflagrada em um ambiente com repercussões tanto na esfera individual quanto na coletiva. O exposto é justificado por Borba (2013, p. 81): "no âmbito coletivo, se a agressão atinge a esfera de interesses de categoria (interesse coletivo) ou de grupos de pessoas (individuais homogêneos), são legitimados a demandar a reparação de prejuízo a associação e o sindicato".

Diante do exposto, podemos concluir que os direitos individuais homogêneos encontram espaço no âmbito das negociações e relações sindicais, visto que há a possibilidade de casos com grupos bem determinados, ante o mesmo e homogêneo fato, que podem ser tratados de maneira coletiva, mediante a união de forças individuais dos titulares de interesse.

Exercício resolvido

1. As relações coletivas de trabalho decorrem da resolução de conflitos transindividuais, derivados de ações relacionadas aos ramos dos direitos difuso, coletivo e individual homogêneo, ou seja, que se encontram entre o interesse público e o privado. No que diz respeito ao tema, avalie as assertivas a seguir e assinale a alternativa correta:
    a. No ordenamento jurídico brasileiro, os direitos coletivos são aqueles que, por serem transindividuais, pertencem e dizem respeito à coletividade, mas têm como particularidade serem indivisíveis e impossíveis de individualização.
    b. No ordenamento jurídico brasileiro, encontra-se no direito coletivo do trabalho a proteção dos direitos transindividuais, que se subdividem em: direito difuso, direito coletivo e direito individual homogêneo.
    c. Direitos individuais homogêneos são aqueles transindividuais, que pressupõem a existência de uma relação jurídica anterior. Trata-se de direitos de fácil individualização, já que correspondem e pertencem a uma categoria específica de pessoas.

d. Direitos difusos são aqueles que decorrem de uma origem comum e que apresentam a homogeneidade como característica. São, portanto, plenamente divisíveis e passíveis de união, de modo a fortalecer os interesses daqueles que os defendem.

Gabarito: b

Feedback **da atividade**: a alternativa "a" não está correta, pois os direitos transindividuais, pertencentes e relacionados à coletividade, que têm como particularidade a indivisibilidade e impossibilidade de individualização dizem respeito ao direito difuso. A alternativa "c" está incorreta, pois os direitos transindividuais que pressupõem a existência de uma relação jurídica anterior e de fácil individualização correspondem aos direitos coletivos.

A alternativa "d" não está correta, pois os direitos que decorrem de uma origem comum caracterizam-se pela homogeneidade. Portanto, os direitos plenamente divisíveis e passíveis de união, de modo a fortalecer os interesses dos envolvidos, referem-se aos direitos individuais homogêneos.

1.3 OIT no direito do trabalho

O direito coletivo do trabalho consiste em um relevante instrumento de atendimento dos interesses laborais, bem como é tema obrigatório no estudo de tópicos como *negociações* e *relações sindicais*, visto que se relaciona às negociações coletivas, sejam no âmbito interno, sejam no externo. Neste último caso, o direito coletivo baseia-se em normativas internacionais, com destaque às orientações provenientes de Organização Internacional do Trabalho (OIT). Antes de adentramos no estudo do sindicalismo em âmbito global e de suas formas de negociação coletiva, precisamos tratar brevemente do funcionamento desse organismo, pois ele impacta as normas relativas à proteção do trabalho e do trabalhador, bem como garante a manutenção de diversas conquistas trabalhistas. Embora tenha sido criada oficialmente no início do século XX, no ano de 1919, a OIT tem raízes que remontam ao século XVIII, com o surgimento da Revolução Industrial e a crescente concentração populacional nos centros urbanos, próxima às grandes fábricas. Foi nesse ambiente laboral que as discussões sobre as condições de trabalho (nesse caso, na área fabril) ganharam impulso. As generalizadas condições insalubres de trabalho deram origem a movimentos seminais de união de trabalhadores, que, insatisfeitos, viam na união um modo poderoso de reivindicar seus direitos e sua dignidade humana.

O que é

Condição insalubre é toda a condição laboral que oferece risco à saúde do trabalhador pela exposição a fatores como: calor, umidade, frio, produtos químicos, radiação, ruído intenso etc. No Brasil, atualmente, a insalubridade de atividades laborais é contemplada na CLT, bem como em Normas Regulamentadoras de Segurança.

Tais movimentos serviram como estopim para o surgimento de sindicatos, uma forma de associação e organização de trabalhadores fartos de problemas, tais como acidentes de trabalho, falta de suporte, jornadas excessivas, condições inseguras e remuneração não condizente com a realidade de produção. Conforme Pinto (1998, p. 35), essa situação pode ser apresentada da seguinte maneira:

> Efetivamente, os maus-tratos dispensados ao trabalhador, as condições desumanas de trabalho impostas pelo patrão, a extensa e exaustiva utilização das chamadas "meias forças" constituídas por mulheres

e menores, enfim, todo um conjunto de insuportáveis abusos era cometido em nome do liberalismo econômico e, no campo jurídico, à sombra da autonomia da vontade e da liberdade de contratar, cânones de interesses jurídicos individuais que, por isso mesmo, incidiam sobre vínculos estabelecidos, individualmente, de empregado e empregador.

Observe que a busca por melhores condições de trabalho e a observância aos direitos dos trabalhadores inicialmente concentrou-se em sindicatos e fábricas de grandes centros urbanos. Logo, tornou-se necessário o desenvolvimento de uma regulamentação global que pautasse as reivindicações realizadas, bem como protegesse todas as formas de trabalho, sendo elas urbanas ou não. O desenvolvimento de tal regulamentação teve início na assinatura da Conferência de Paz em Versalhes (Tratado de Versalhes) e no concomitante surgimento da OIT, que passou a integrar a Organização das Nações Unidas (ONU), criada em 1945, atuando como um ramo especializado da instituição.

A ação da OIT visa à promoção de ações de justiça social e em prol dos direitos humanos ligados ao trabalho em âmbito mundial. Conforme Alvarenga (2007), tal iniciativa tem cunho humanista e político. Do ponto de vista humanista, trata-se da observação e da atuação sobre as condições de trabalho, que devem conciliar a aceleração produtiva e o lucro do empresariado com a saúde, a segurança e a qualidade de vida dos trabalhadores. No viés político, abarca a necessidade de resposta do órgão internacional, cujas prerrogativas normativas, no que tange aos direitos trabalhistas, devem ter alcance universal e abrangente, com a realização e a formalização de ações necessárias à intervenção social, política e econômica em concordância com as condições de trabalho desejadas para toda a coletividade trabalhista do mundo.

Importante

Perceba que a criação dessa organização visa à universalização e à uniformização das condições e relações de trabalho, o que fez surgir a abordagem do direito coletivo do trabalho, tema comentado anteriormente. Nesse viés, conforme Pinto (1998), a atuação da OIT se desenvolve no contexto do direito coletivo, mas sempre em observância aos desdobramentos da coletividade. O autor complementa ao indicar que a atuação universal da OIT não atende somente às demandas específicas de sindicatos, mas também a algo maior no que tange à liberdade de associação e à liberdade sindical. É justamente nesse ponto que o sindicato adquire mais peso e força, ao representar um recurso de busca e garantia de direitos da classe trabalhadora, reafirmando a necessidade de organização, visto que reivindicações conjuntas são mais expressivas quando comparadas às do âmbito individual.

Nesse ponto, você pode estar se questionando: Como os sindicatos e a OIT se relacionam? Todas as reivindicações demandadas por sindicatos são consideradas em decisões da OIT, pois são justamente as ações pelas quais a instituição, como organismo internacional, propõe-se a atuar, não se esquecendo das máximas de justiça social e de condições de trabalho adequadas. Podemos citar como exemplo a primeira Conferência Internacional do Trabalho (1919), na qual cinco convenções foram adotadas para atender a reivindicações de trabalhadores realizadas via respectivos sindicatos:

1. limitação da jornada de trabalho a 8 horas diárias;
2. delineamento de regras à proteção da maternidade;
3. redução do desemprego;
4. proibição do trabalho infantil;
5. estabelecimento de regras à proteção do trabalho da mulher e do menor de 18 anos.

Essas foram as primeiras de muitas reivindicações realizadas e levadas a termo para atender às premissas de justiça social e condições dignas de trabalho. Elas ainda vigoram e foram reafirmadas na Reforma Trabalhista de 2017 (exemplo: no que se refere à proteção à maternidade, ainda se observam, em sua maioria, os principais aspectos de amparo à gestante trabalhadora). Logo, as convenções adotadas desde a primeira conferência da OIT reafirmam seu compromisso com o movimento sindical em todas as deliberações organização, dada sua conexão direta com as demandas de mercado e respectivas classes trabalhadoras.

1.3.1 Convenções da OIT

As convenções da OIT compreendem tratados internacionais definidos pela organização e posteriormente submetidos à ratificação por parte de seus Estados-membros.

O que é

Conforme Süssekind (1998), *convenções* são tratados multilaterais abertos, de caráter normativo – multilaterais porque podem contar com um número irrestrito de partes; abertos porque são passíveis de ratificação, sem limite de prazo, por qualquer Estado-membro da OIT; de caráter normativo porque abarcam as normas gerais a serem incorporadas ao direito interno das nações que manifestarem o desejo de adesão ao tratado considerado.

Neto e Cavalcante (2013) destacam que as convenções, embora se caracterizem pelo aspecto normativo, não são autoaplicáveis, ou seja, não são passíveis de imposição aos Estados-membros, pois estes têm soberania para determinar as normativas legais que aplicarão a seus territórios.

A seguir, apresentamos algumas convenções da OIT que se relacionam às negociações e às relações sindicais.

Convenção n. 87, de 9 de julho de 1948

Trata da liberdade sindical e da proteção do direito sindical. Foi aprovada na 31ª sessão da Conferência Geral da OIT e é formada por 21 artigos que normatizam e orientam a ação sindical no que tange a aspectos como a garantia de não interferência de autoridades e a liberdade de associação. Essa convenção também assegura o direito de elaboração de estatutos e regimentos sindicais, a livre escolha de seus representantes, bem como a plena administração de atividades e programas de ação. A liberdade sindical assegura que tanto empregados quanto empregadores tenham a liberdade de criação e associação de sindicatos que os representem. Cumpre destacar que essa convenção também veda a interferência de autoridades na organização e no funcionamento dessas agremiações. Contudo, enfatizamos que, no âmbito brasileiro, podem ser observados aspectos na Constituição de 1988 que restringem a liberdade sindical (sua organização, sua administração e seu exercício). Barros (2016, p. 799) comenta a respeito:

> Entendemos que a aprovação da Convenção n. 87 implicará modificação na legislação brasileira, pois, embora a Constituição de 1988 tenha consagrado a autonomia sindical, manteve a unicidade sindical em seu art. 8º, II, que consiste, por imposição legal, na criação de apenas uma entidade sindical, de determinada categoria, de qualquer grau, na mesma base territorial.

Como você pode observar, o Estado intervém na organização dos sindicatos brasileiros, pois essas associações devem obedecer à exigência legal de unicidade sindical e base territorial. De maneira prática, essa demanda pressupõe o seguinte: se determinada categoria optar por reunir-se em associação sindical, ela deverá certificar-se de que, em seu município, não há um sindicato que a represente.

Convenção n. 98, de 8 de junho de 1949

Foi aprovada na 32ª sessão da Conferência Geral da OIT, formada por 16 artigos que dispõem sobre os mecanismos de sindicalização e negociação coletiva. Nesse evento, podemos observar a proteção contra ingerências que possam surgir no âmbito sindical, sejam provenientes dos empregados, sejam dos empregadores, bem como a instituição de ações que auxiliam na promoção da negociação coletiva (Süssekind, 1998).

Nessa convenção, podemos verificar a prevalência de mecanismos que evitam processos discriminatórios contra aqueles que forem sindicalizados. Veja o que prevê o art. 1 da Convenção n. 98 de 1949, pelo olhar de Alvarenga (2007, p. 14):

> 1 – Os trabalhadores gozarão de adequada proteção contra atos de discriminação com relação a seu emprego.
> 2 – Essa proteção aplicar-se-á especialmente a atos que visem: a) sujeitar o emprego de um trabalhador à condição de que não se filie a um sindicato ou deixe de ser membro de um sindicato; b) causar a demissão de um trabalhador ou prejudicá-lo de outra maneira por sua filiação a um sindicato ou por sua participação em atividades sindicais fora das horas de trabalho ou, com o consentimento do empregador, durante o horário de trabalho.

Convenção n. 154, de 19 de junho de 1981

Trata do fomento à negociação coletiva, aprovada na 67ª Reunião da Conferência Geral da OIT, em 1981. No documento resultante do evento, contextualiza-se a negociação coletiva e seus parâmetros, conforme Süssekind (1998). Nesse processo, devem ser fixadas as condições de trabalho e emprego, bem como a forma de regulamentação das relações entre empregadores, empregados e suas organizações.

Ainda de acordo com Süssekind (1998), a negociação coletiva deve ser possibilitada a todos os empregadores e a todas as categorias dos ramos de atividade a que se aplique tal Convenção. Da mesma forma, devem ser estabelecidas normas entre as organizações de empregadores e as organizações de empregados, sempre objetivando a resolução de conflitos trabalhistas via negociação coletiva.

1.3.2 OIT: princípios do direito coletivo do trabalho

A Declaração dos Princípios e Direitos Fundamentais no Trabalho foi aprovada na Conferência Internacional do Trabalho, em 19 de junho de 1998. Nesse evento, foram definidos quatro princípios fundamentais que, a partir data de assinatura do respectivo documento, passariam a reger as relações de trabalho (Alvarenga, 2007):

- liberdade sindical;
- reconhecimento e validação de ações provenientes de negociação coletiva;
- eliminação de todas as formas de trabalho forçado;
- abolição efetiva do trabalho infantil;
- eliminação de todas as formas de discriminação no desenvolver de seu emprego/ocupação.

Cumpre destacar que, dada a magnitude dos princípios elaborados, a OIT determinou, nesse evento, que seus Estados-membros deveriam respeitar os ditames determinados na declaração, mesmo que ainda não compusessem suas convenções, deixando, assim, evidente que um Estado-membro da organização não poderia deixar de atender aos princípios básicos de garantia de justiça social, condições adequadas de trabalho e de dignidade humana dos trabalhadores. Essas exigências são reforçadas no estudo de Alvarenga (2007, p. 63), que comenta:

> Por essa Declaração, todos os estados-membros são submetidos ao respeito, à promoção e à realização dos princípios relativos aos direitos fundamentais. Essa obrigação também é válida para os estados que não ratificaram as convenções em questão [...]. Eles constituem um verdadeiro alicerce social fundamental mínimo no nível internacional.

Exercício resolvido

1. Os temas relacionados ao direito coletivo do trabalho abarcam tanto normas internas quanto externas (regramento jurídico internacional), com destaque às convenções e às recomendações da OIT. Sobre esse contexto, avalie as assertivas a seguir e assinale a alternativa correta:
   a. No que tange às relações trabalhistas, a OIT busca contemplar ações que assegurem as condições de trabalho nas empresas, de modo a garantir a dignidade do empregado durante a prestação de serviço.
   b. Uma das mais relevantes convenções da OIT é a de n. 87, que dispõe sobre a liberdade sindical e a proteção ao direito de sindicalização, ratificada pelo Brasil e incorporada às normas constitucionais do país.
   c. A OIT foi criada após o fim da Primeira Guerra Mundial, com o objetivo de promover a justiça social e os direitos humanos no âmbito das relações trabalhistas, do ponto de vista humanista e político.
   d. Do ponto de vista político, a OIT, no que tange às relações trabalhistas, visa à criação de um órgão capaz de elaborar, disciplinar e aplicar normas internacionais relacionadas ao direito do trabalho.

Gabarito: c

Feedback **da atividade:** a alternativa "a" não está correta, pois a abordagem da OIT que busca observar ações que assegurem as condições de trabalho nas empresas, de modo a garantir a dignidade do empregado durante a prestação de serviço, é o ponto de vista humanista. A alternativa "b" está incorreta, pois o Brasil não ratificou a Convenção n. 87. A alternativa "d" está equivocada, pois é o ponto de vista político da OIT que visa à criação de um órgão capaz de elaborar, disciplinar e aplicar normas internacionais relacionadas ao direito do trabalho.

1.3.3 OIT: função e conteúdo do direito coletivo

A OIT tem como funções a criação de regulamentações específicas e relacionadas às relações trabalho – como a Declaração dos Princípios e Direitos Fundamentais no Trabalho –, bem como o monitoramento das ações de seus Estados-membros e a garantia de que eles sempre observem as determinações da instituição. No que tange ao foco de nosso estudo, voltamos a enfatizar os primeiros princípios da Declaração dos Princípios e Direitos Fundamentais no Trabalho: a liberdade sindical e o reconhecimento efetivo do direito de negociação coletiva – observe que a OIT utilizou esses fatores como princípios balizadores de todas as relações de trabalho, tanto em âmbito global quanto dos territórios de seus Estados-membros (Alvarenga, 2007). Nesse sentido, cumpre destacar que o texto da referida declaração dispõe sobre um aspecto relevante quanto à atuação/função da OIT: a promoção das políticas sociais, da justiça e da democracia de modo a garantir a realização de ações orientadas ao crescimento e desenvolvimento econômicos.

Para saber mais

Outra função da OIT indicada em sua declaração é a de assegurar o progresso social e o crescimento econômico em convergência aos princípios aqui já comentados, bem como ao exercício do trabalho digno, em observância às relações justas. Também cumpre à organização promover ações que auxiliem desempregados por meio da promoção de políticas orientadas à geração de emprego. Para saber mais sobre a Declaração da OIT e seus princípios e direitos fundamentais do trabalho, acesse o seguinte texto:

OIT – Organização Internacional do Trabalho. **Declaração da OIT sobre os Princípios e Direitos Fundamentais no Trabalho.** 19 jun. 1998. Disponível em: <https://www.ilo.org/public/english/standards/declaration/declaration_portuguese.pdf>. Acesso em: 16 ago. 2021.

1.3.4 Estrutura da OIT

No decorrer de nosso estudo, demonstramos que a OIT foi um ponto seminal de normativas internacionais relacionadas às relações e condições dignas de trabalho. Para apresentar a estrutura de que essa organização dispõe para desenvolver suas funções, analisaremos a Constituição da OIT, na qual, conforme Süssekind (1987), são definidos como membros os Estados já presentes em 1945 (os integrantes da ONU), bem como aqueles que se converteram posteriormente.

A estrutura da OIT é composta por três órgãos, como demostra a Figura 1.3, a seguir.

Figura 1.3 – Estrutura funcional da OIT

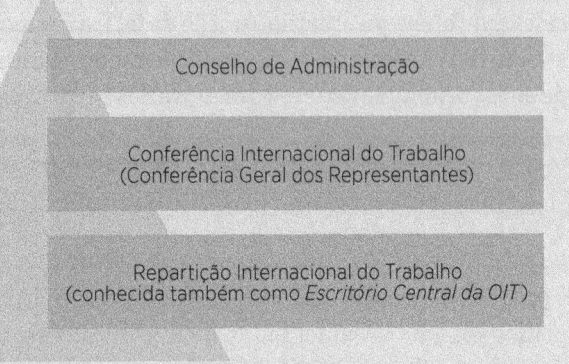

- Conselho de Administração
- Conferência Internacional do Trabalho (Conferência Geral dos Representantes)
- Repartição Internacional do Trabalho (conhecida também como *Escritório Central da OIT*)

Fonte: Elaborado com base em Süssekind, 1987.

Vejamos as especificidades de cada um desses segmentos da OIT:

- **Conselho de Administração:** responsável pela gestão da OIT, tem como como função elaborar e controlar a execução de políticas a serem conduzidas e implementadas pelo organismo (Süssekind, 1987). Em síntese, a OIT é dirigida pelo conselho de administração, o qual é responsável pela elaboração, pelo controle e pela execução das políticas e programas da OIT.
- **Conferência Internacional do Trabalho:** Süssekind (1987) reafirma a relevância desse órgão como ente elaborador das convenções internacionais e das recomendações endereçadas aos seus Estados-membros. Logo, cabe a ele a regulamentação trabalhista no âmbito internacional.
- **Repartição Internacional do Trabalho:** as atividades administrativas da OIT são centralizadas nesse setor, que trabalha com pesquisas, produções textuais relacionadas à organização, reuniões tripartites setoriais e reuniões de comissões e comitês.

Alvarenga (2007, p. 54) detalha o funcionamento da instituição, como demonstramos a seguir:

> A Conferência geral dos representantes dos Membros convocará sessões sempre que seja necessário e pelo menos uma vez por ano. Será composta por quatro representantes de cada um dos Membros, de entre os quais dois serão os delegados do Governo e os outros dois representarão, respectivamente, por um lado os empregadores, por outro, os trabalhadores de cada um dos Membros.

Alvarenga (2007) ainda comenta que, além dos Estados-membros, os representantes de empregadores e de empregados (associações sindicais) também fazem parte da OIT. A presença desses grupos é importante e necessária para que haja um debate plural e acessível sobre a elaboração de regulamentações internacionais mais adequadas aos direitos trabalhistas.

Exercícios resolvidos

1. A OIT, criada ao final da Primeira Guerra Mundial, visa promover a justiça social e os direitos humanos. Em 1948, passou a fazer parte da recém-criada Organização das Nações Unidas (ONU). Sobre o assunto, avalie as assertivas a seguir e assinale a alternativa correta:

   a. A Repartição Internacional do Trabalho é o órgão supremo da OIT. Entre suas funções, constam a elaboração das convenções e as recomendações indicadas aos seus Estados-membros.
   b. A Conferência Geral dos Representantes é responsável pela gestão da OIT, tendo como função elaborar e controlar a execução de políticas a serem conduzidas e implementadas pelo organismo.
   c. Compreende uma das funções da OIT a promoção de políticas sociais, da justiça e da democracia, de modo a garantir a realização de ações orientadas ao crescimento e desenvolvimento político.
   d. A estrutura formal da OIT é composta por três órgãos: a Conferência Geral dos Representantes (conferência internacional do trabalho), o Conselho de Administração e a Repartição Internacional do Trabalho.

Gabarito: d

Feedback **do exercício:** a alternativa "a" não está correta, pois o órgão supremo da OIT que exerce a função de elaborar convenções e recomendações endereçadas aos seus Estados-membros é a Conferência Geral dos Representantes. A alternativa "b" está incorreta, pois o órgão responsável pela gestão da OIT com a função de elaborar e controlar a execução de políticas a serem conduzidas e implementadas é o Conselho de Administração. A alternativa "c" está equivocada, pois as funções da OIT indicadas visam à realização de ações orientadas ao crescimento e desenvolvimento econômico.

Síntese

Neste capítulo, tratamos dos seguintes tópicos:

- A Reforma Trabalhista implementada no ordenamento jurídico brasileiro por meio da Lei n. 13.467/2017 alterou muitos aspectos do direito trabalhista brasileiro, não apenas no que tange a contratos individuais de trabalho, mas também a relações coletivas dessa natureza.
- Algumas das alterações decorrentes da Reforma Trabalhista abarcam o direito coletivo do trabalho, ou seja, aspectos relacionados ao tema *sindicato* e suas formas de negociação coletiva.
- O novo regramento conhecido como *prevalência do negociado sobre o legislado* pressupõe que as negociações coletivas podem se sobressair às previsões legais, o que consequentemente eleva a importância da negociação coletiva e da atuação sindical.
- Entre as alterações realizadas na CLT, constam disposições que definem aquilo que pode ou não pode ser firmado em relações de trabalho derivadas de negociação coletiva, bem como a previsão de que acordos coletivos sempre serão hierarquicamente superiores às negociações coletivas.
- O direito coletivo do trabalho abrange o direito transindividual, que, por sua vez, é subdividido em: direito difuso, direito coletivo e direito individual homogêneo.
- O direito difuso é transindividual, pertencente à coletividade, mas que se caracteriza pela indivisibilidade e impossibilidade de individualização. O direito coletivo, por sua vez, é aquele que, embora se caracterize pela transindividualidade, pressupõe a existência de uma relação jurídica anterior.
- As relações coletivas de trabalho não dizem respeito ao direito difuso, mas excepcionalmente podem relacionar-se, desde que representem os interesses de uma coletividade.
- A classificação de interesse ou direito como individual homogêneo demanda a verificação de dois requisitos: origem comum e homogeneidade. Quando há tal convergência, o conjunto de direitos iguais une os titulares para que, coletivamente, aliem

forças e, assim, possam assegurar a vigência e a observância desses benefícios na prática.
- As relações coletivas de trabalho são classificadas em *sindicais* e *não sindicais*. As primeiras são marcadas pela presença do sindicato como representante dos interesses coletivos. As segundas abarcam as relações coletivas de trabalho que, embora pertencentes a dada categoria, não contam com a participação do sindicato.
- A atuação da OIT compreende uma fonte de regulamentação internacional que rege as relações de trabalho, além de sustentar e observar o cumprimento de suas normativas em defesa dos direitos trabalhistas. Sua atuação é decorrente também das ações dos sindicatos ao promoverem a aplicação de normas, bem como ao viabilizarem a observação destas no âmbito das negociações coletivas.

PRINCÍPIOS DO DIREITO SINDICAL

2

INTRODUÇÃO DO CAPÍTULO:

Neste capítulo, vamos apresentar e comentar alguns dos princípios que regem as negociações coletivas no Brasil. Embora o regramento jurídico apresente muitos princípios, o ponto central deste capítulo abrange aqueles que dão conta de relações sindicais e negociações coletivas. Compreendem objetivos deste capítulo:

- Apresentar os princípios que se relacionam às negociações coletivas e ao sindicalismo no Brasil.
- Elucidar como esses princípios incidem sobre o universo das negociações coletivas e respectivas relações de trabalho.
- Abordar a contextualização sobre o sindicalismo no Brasil quanto à sua definição, relevância, estrutura, organização, categorização e atuação no sistema brasileiro.
- Evidenciar a relação entre a temática anterior e as métricas e a terminologia técnica empregada em negociações e relações sindicais, de modo a proporcionar maior embasamento teórico para o estudo de gestão de recursos humanos e áreas correlatas, em especial no que diz respeito à sua aplicação na construção de conceitos e posicionamentos relativos ao assunto.

CONTEÚDOS DO CAPÍTULO:

- Princípio da liberdade sindical.
- Princípio da autorregulamentação.
- Princípio da adequação setorial negociada.
- Princípio da boa-fé.
- Antecedentes do sindicalismo.

APÓS O ESTUDO DESTE CAPÍTULO, VOCÊ SERÁ CAPAZ DE:

1. tipificar os princípios que regem as negociações coletivas e o sindicalismo no Brasil;
2. contextualizar os princípios que regem as negociações coletivas e o sindicalismo no Brasil;
3. comentar como os princípios atuam, quando aplicados no universo das negociações coletivas e as respectivas relações de trabalho;
4. contextualizar o surgimento e a organização dos sindicatos no Brasil.

2.1 Princípio da liberdade sindical

Como estudamos anteriormente, em âmbito internacional, a liberdade sindical é regulada pela Convenção n. 87, de 9 de julho, da Organização Internacional do Trabalho (OIT). Também explicamos no Capítulo 1 que tal convenção não é incorporada ao ordenamento jurídico brasileiro, embora seja aderente ao tema no contexto das relações coletivas de trabalho, como no sindicalismo e nas negociações coletivas (Süssekind, 1998). Em razão disso, é importante contextualizar como a liberdade sindical foi desenvolvida no Brasil, a qual se refere a um desdobramento do direito de liberdade previsto em nosso máximo ordenamento, a Constituição Federal de 1988 (CF/1988).

O que é

O direito de liberdade diz respeito à capacidade de realização e escolha daquilo que se deseja, desde que tal vontade não seja restringida por uma proibição legal anterior. Para Taranti (2011, p. 259), o direito de liberdade compreende "poder de agir, no seio de uma sociedade organizada, segundo a própria determinação, dentro dos limites impostos por normas definidas".

Sobre o tema, vejamos o que disciplina a CF/1988, que, em seu art. 5º, assim prevê:

> Art. 5º Todos são iguais perante a lei, sem distinção de qualquer natureza, garantindo-se aos brasileiros e aos estrangeiros residentes no País, a inviolabilidade do direito à vida, à liberdade, à igualdade, à segurança. (Brasil, 1988)

No que tange às negociações e relações sindicais, ainda conforme o art. 5º, "é plena a liberdade de associação para fins lícitos" (Brasil, 1988). Também no art. 8º da CF/1988 são abordados aspectos relevantes ao tema:

> Art. 8º. É livre a associação profissional ou sindical, observado o seguinte: A lei não poderá exigir autorização do Estado para a fundação de sindicato, ressalvado o registro no órgão competente, vedadas ao Poder Público a interferência e intervenção na organização sindical. (Brasil, 1988)

Assim, perceba que nossa Lei Maior já garante o direito de associação profissional por meio de mecanismos como os sindicatos, assegurando a essas organizações a certeza de que não sofrerão interferência por parte do Estado, como já comentado anteriormente. Ainda sobre a liberdade sindical, Nascimento (2003, p. 139) a define como

> manifestação do direito de associação. Pressupõe a garantia, prevista no ordenamento jurídico, da existência de sindicatos. Se as leis de um Estado garantem o direito de associação, de pessoas com interesses profissionais e econômicos, de se agruparem em organizações sindicais, essas serão leis fundantes da liberdade sindical. Assim, liberdade sindical, no sentido agora analisado, caracteriza-se como o reconhecimento, pela ordem jurídica, do direito de associação sindical, corolário do direito de associação, portanto, liberdade sindical, nessa perspectiva, é o princípio que autoriza o direito de associação, aplicado ao âmbito trabalhista.

Podemos, então, considerar que esse princípio é resultado do Estado democrático em que se insere, no qual se observa a liberdade em todas as esferas.

Em contrapartida, Correia (2018) assevera que a liberdade sindical não é plena no Brasil, pois há a aplicação do princípio da unicidade sindical. Recorde que ele restringe o conceito analisado, uma vez que impede a criação de mais de um sindicato que represente a mesma categoria profissional, em base mínima territorial, o que limita o direito de escolha dos trabalhadores. Esse fato faz do Brasil um alvo de crítica por não ter ratificado a Convenção n. 87 da

OIT. Isso também é observado nos arts. 516 e 517 da Consolidação das Leis do Trabalho (CLT, Brasil, 1943), os quais determinam que não será reconhecido mais de um sindicato representativo para uma mesma categoria em dada base territorial. Essas agremiações podem ser distritais, municipais, intermunicipais, estaduais e interestaduais. Em casos excepcionais, pode ocorrer o reconhecimento de sindicatos nacionais.

Exemplificando

Um mesmo município não pode contar com dois sindicatos que representem a mesma categoria. Embora pareça arbitrária tal imposição, ela é necessária para que haja o fortalecimento da classe.

Diante do exposto, Süssekind et al. (2002) asseveram que a unidade sindical compreende uma meta defendida pelos movimentos sindicais ao visar ao fortalecimento das respectivas associações, à promoção dos interesses e à defesa dos direitos de seus representados. Apresentadas as premissas acerca da liberdade sindical, vamos comentar, nos tópicos seguintes, alguns de seus desdobramentos.

2.1.1 Liberdade de fundação ou criação do sindicato

A CF/1988 assegura a criação de sindicatos profissionais e econômicos, que, independentemente da existência de regramento legal, não demandam qualquer autorização especial para sua criação. Logo, para que um sindicato possa ser criado, basta realizar o respectivo registro em órgão competente, desde que não seja evidenciada a existência de outro sindicato representante na mesma categoria e dentro da mesma base territorial. Além disso, o Estado não pode impedir que determinada classe de empregados ou empregadores se organize em prol de seus direitos na forma de uma associação sindical.

Conforme Correia (2018), a criação e a legitimidade de um sindicato passam pelas seguintes etapas:

Figura 2.1 – Etapas de criação de um sindicato

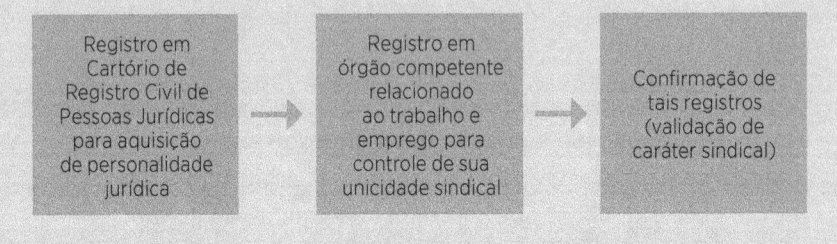

| Registro em Cartório de Registro Civil de Pessoas Jurídicas para aquisição de personalidade jurídica | → | Registro em órgão competente relacionado ao trabalho e emprego para controle de sua unicidade sindical | → | Confirmação de tais registros (validação de caráter sindical) |

2.1.2 Liberdade de administração e organização

A liberdade de administração e organização é prevista, conforme já mencionado, em nossa CF/1988, a qual prevê que o Estado não pode interferir nos sindicatos, incluindo aqui sua administração e sua organização.

Como consta no texto do art. 8º da Lei Maior, a administração e a forma de organização dos sindicatos fica exclusivamente a cargo das próprias associações, que têm a liberdade para elaborar seu estatuto e suas diretrizes de funcionamento (Brasil, 1988). A isso, Neto e Cavalcante (2013) denominam *autonomia sindical* a garantia assegurada da autogestão sindical, sem qualquer tipo de interferência de outras entidades ou do Estado, não podendo ocorrer limitação em sua estrutura interna, atuação externa, sustentação econômico-financeira ou controle administrativo.

> **Importante**
>
> Embora protegida, a liberdade sindical não é plena, uma vez que se condiciona a proibições advindas do ordenamento jurídico. Isso significa que o Poder Legislativo, por ação de leis, pode determinar parâmetros ao funcionamento dos sindicatos, os quais devem ser observados em seus estatutos e em seu funcionamento.

2.1.3 Liberdade de filiação

A liberdade sindical não visa apenas à compreensão da liberdade no que tange ao coletivo, ou seja, à associação de determinada categoria para o atendimento e a defesa adequados de seus interesses. Esse princípio também abarca aspectos relativos à liberdade e ao desejo individuais de participar de tal associação, isto é, também trata daqueles indivíduos que, de maneira isolada, optam por fazer parte do movimento sindical.

Nesse sentido, Cassar (2014) comenta que a liberdade sindical pode apresentar-se de duas maneiras: positiva e negativa, como podemos observar no Quadro 2.1, a seguir.

Quadro 2.1 – Formas de liberdade sindical

Forma positiva	Direito de reunião, de empregados e empregadores, com companheiros de profissão ou com outras organizações de mesma atividade, para a fundação de sindicatos.
Forma negativa	Direito do empregado ou empregador de se filiar a tais associações e de permanecer nelas. "Sob a ótica negativa, a liberdade sindical individual abrange: a) no direito de se retirar de qualquer organização sindical quando quiser; b) o direito de não se filiar a sindicato ou outra organização sindical" (Cassar, 2014, p. 1213).

Observe que, após a Reforma Trabalhista, não há a obrigatoriedade da contribuição sindical. Antes desse evento, era compulsória a todos os empregados de uma categoria que dispusesse de sindicato representativo, bem como àqueles que não fossem filiados. Assim, atualmente, há uma real liberdade individual de filiação e de contribuição financeira ao custeio de sindicatos, sendo este último previsto no art. 579 da CLT:

> Art. 579. O desconto da contribuição sindical está condicionado à autorização prévia e expressa dos que participarem de uma determinada categoria econômica ou profissional, ou de uma profissão liberal, em favor do sindicato representativo da mesma categoria ou profissão ou, inexistindo este, na conformidade do disposto no art. 591 desta Consolidação. (Brasil, 1943; 2017)

Exercícios resolvidos

1. As relações coletivas de trabalho são guiadas por princípios que orientam as negociações e as relações sindicais. Os princípios mais relevantes são: liberdade sindical; autorregulamentação; adequação setorial negociada; e boa-fé/transparência nas negociações coletivas. A respeito desse contexto, avalie as assertivas a seguir e assinale a alternativa correta:
   a. A liberdade sindical compreende a capacidade de que as categorias de empregados ou empregadores dispõem de se unir em associações de caráter sindical, com a intervenção do Poder Público em suas atividades.
   b. A liberdade sindical pode ser desdobrada em outros princípios para melhor compreensão. São eles: liberdade de fundação ou criação do sindicato; liberdade de administração e organização; e liberdade de afiliação.
   c. O princípio da liberdade sindical se subdivide em outros três tipos de liberdade: liberdade de criação e fundação dos sindicatos; liberdade de administração e organização dos sindicatos; e liberdade de filiação aos sindicatos.

d. O desconto da contribuição sindical condicionado à autorização prévia e expressa daqueles que participarem de determinada categoria econômica ou profissional compreende um aspecto da liberdade de criação dos sindicatos.

Gabarito: c

Feedback **da atividade:** a alternativa "a" não é adequada, pois a liberdade sindical caracteriza-se pela capacidade de que as categorias de empregados ou empregadores dispõem de se unir na forma de associações de caráter sindical sem a intervenção do Poder Público em suas atividades. A alternativa "b" não está correta, pois a liberdade sindical é desdobrada nos seguintes princípios: liberdade de fundação ou criação do sindicato; liberdade de administração e organização; e liberdade de filiação. A alternativa "d" não está adequada, pois o desconto da contribuição sindical condicionado à autorização prévia e expressa daqueles que participarem de determinada categoria econômica ou profissional, compreende um aspecto da liberdade de filiação.

2.2 Princípio da autorregulamentação

Como vimos anteriormente, as relações coletivas de trabalho apresentam características muito específicas no ordenamento jurídico brasileiro. Entre elas, podemos citar o princípio da autorregulamentação.

De modo geral, a criação de regramentos no campo do trabalho advêm do Poder Público (nesse caso, do Legislativo ou do Executivo). Contudo, ao considerarmos as relações coletivas de trabalho, podemos observar que seus regramentos são definidos via negociações coletivas, ou seja, por meio das deliberações daqueles que compõem uma negociação trabalhista.

Logo, o princípio da autorregulamentação compreende a capacidade que as partes envolvidas em uma negociação coletiva têm de elaborar regramentos adequados às suas necessidades contratuais. Tal princípio encontra respaldo no art. 7º da CF/1988, que indica ser direito do trabalhador urbano ou rural, bem como dos demais que buscam a melhoria de sua condição social, o devido reconhecimento de convenção e acordos coletivos de trabalho (Brasil, 1988).

Portanto, é válido comentar que as relações coletivas de trabalho também são regidas pelos acordos e convenções coletivos estabelecidos entre empregados e empregadores por meio de seus sindicatos representantes. Manus (2001) corrobora tal constatação ao indicar que são os poderes de organização e autorregulamentação das entidades sindicais que regulam as relações derivadas das práticas sindical, individual e coletiva entre as partes.

Assim, o princípio da autorregulamentação insere-se no contexto das negociações de natureza coletiva, em que a criação de regramentos deixa de ser responsabilidade exclusiva do Estado para ser compartilhada por aqueles que visam à garantia de seus direitos. Conforme esse princípio, os sujeitos diretamente relacionados detêm poder de criar os regramentos que atendam às relações provenientes de sua categoria da maneira mais adequada.

Perguntas & respostas

O princípio da autorregulamentação refere-se à capacidade de criação e estabelecimento de normas a serem aplicadas em negociações coletivas. Como esse princípio pode ser observado de maneira prática?

No âmbito das negociações coletivas de trabalho, a ação de autorregulamentação possibilita que sindicatos, em prol dos interesses de seus filiados, definam regras que beneficiem aqueles pertencentes à sua categoria por meio de acordos coletivos, convenções coletivas ou termos de seus contratos coletivos e individuais.

Contudo, Cassar (2014, p. 1215) destaca que

> os sindicatos representativos das categorias dos empregados e dos empregadores negociam com a finalidade de criarem, alterarem ou suprimirem direitos trabalhistas, normalmente de caráter privado, que irão vincular as partes atingidas pelo convênio coletivo resultante da negociação coletiva.

Isso significa que, embora ocorram negociações no âmbito do princípio da autorregulamentação, ainda é possível observar a ocorrência de eventos de supressão dos direitos dos trabalhadores, visto que, nas negociações e relações coletivas, coexistem representantes com vieses diferentes daqueles defendidos pelos pleiteantes de determinado direito. Para Delgado (2014, p. 1385),

> Tal princípio, na verdade, consubstancia a própria justificativa de existência do Direito Coletivo do Trabalho. A criação de normas jurídicas pelos atores coletivos componentes de uma dada comunidade econômico-profissional realiza o princípio democrático de descentralização política e de avanço da autogestão social pelas comunidades localizadas.

Atente para o fato de que esse princípio se apresenta como o mais relevante para as negociações coletivas, visto que atua como sustentáculo da existência dos sindicatos e, consequentemente, das relações por eles estabelecidas. Se tal princípio não existisse, apenas as normativas do Poder Público seriam atendidas, e os sindicatos estariam limitados a poucas ações de conciliação em prol do interesse coletivo. Assim, a existência e a manutenção de tal princípio é muito relevante, pois possibilita a realização de acordos ou convenções coletivas que abarquem regramentos capazes de influenciar diretamente a construção de contratos de trabalho. Por exemplo: pactos firmados entre as partes que atendam aos interesses de suas categorias, como o estabelecimento da obrigatoriedade de pagamento de vale alimentação/refeição, plano de saúde etc.

2.3 Princípio da adequação setorial negociada

Já demonstramos adequadamente que a negociação coletiva constitui relevante instrumento à criação de normas que vão além daquelas já determinadas pelo Estado e que podem influenciar os contratos de trabalho.

Também explicamos que, embora ocorram negociações no âmbito do princípio da autorregulamentação, é possível observar a ocorrência de eventos supressores dos direitos dos trabalhadores, visto que as negociações e as relações coletivas coexistem com representantes de vieses distintos.

Logo, o poder de elaboração de certos regramentos não pode ocorrer sem a existência de algum limite, justamente pela possibilidade de que certos direitos trabalhistas possam ser suprimidos. O princípio da adequação setorial negociada é observado quando da iniciativa de garantia de que determinados direitos permaneçam inalterados, tal como indica Cassar (2014, p. 1216):

> As normas coletivas têm ampla liberdade para conceder benefícios superiores aos previstos na lei, mas têm limitações quando desejarem reduzir ou suprimir direitos previstos em lei. Este limite não pode ser arrolado taxativamente, pois será avaliado em cada caso pelo grupo o quanto aquela coletividade deve ceder para não perder seus empregos de forma coletiva.

A respeito desse tema, a Reforma Trabalhista de 2017 disciplina, em seus arts. 611-A e 611-B, aspectos relevantes às negociações coletivas, pois determinam aqueles direitos que podem (e não podem) ser objeto de negociações coletivas (Brasil, 2017). Em caso de dúvida sobre os critérios de supressão de direitos trabalhistas, sempre deve prevalecer o previsto nos artigos citados, visto que visam assegurar os direitos mais básicos do trabalhador e sua existência digna. De acordo com Correia (2018, p. 1271), a análise desses artigos "será imprescindível nas futuras negociações. Caso haja conflito entre eles, deve prevalecer o art. 611-B, para garantir princípios básicos constitucionais, como da dignidade da pessoa humana e da máxima eficácia do texto constitucional".

Um exemplo de aplicação com possibilidades e limitações pode ser observado no art. 611-A, o qual prevê que, em caso de deliberações resultantes de acordo ou convenção coletiva, há a possibilidade de redução de salário ou de jornada de trabalho, desde que seja assegurada ao empregado a proteção contra demissão sem justa causa enquanto estiver vigente o acordo ou a convenção que estipular tais reduções.

Para Delgado (2014), o princípio da adequação setorial negociada implica a determinação de possibilidades e limites jurídicos em negociação coletiva, ou seja, a determinação de critérios de harmonização entre as normas jurídicas provenientes da negociação coletiva e das normas jurídicas provenientes da legislação heterônoma estatal. Em síntese, abarca a pesquisa e conferência entre os critérios de validade jurídica e a extensão de eficácia de regramentos provenientes de convenção, acordo ou contrato coletivo do trabalho.

O que é

Legislação heterônoma estatal refere-se à legislação que não provém da relação de trabalho, isto é, advém de fora desse tipo de relação, sendo realizada por terceiros que não têm vínculo entre empregador e empregado.

Ao findarmos este tópico, fica evidente a relevância das alterações promovidas pela Reforma Trabalhista no que se refere às negociações coletivas, pois seu texto traz com maior clareza as possibilidades e os limites legais que as partes devem observar durante suas negociações. Contudo, destacamos que, por se tratar de novos regramentos, devem ter sua avaliação e aplicação realizadas com atenção, de modo a evitar o surgimento de dúvidas, onde deveria haver esclarecimentos.

2.4 Princípio da boa-fé ou lealdade e transparência

Explicamos anteriormente que as partes envolvidas em uma negociação coletiva têm a capacidade de autorregulamentação, mas que tal capacidade deve observar as possibilidades e os limites legais vigentes. O princípio da boa-fé em negociações coletivas compreende outra limitação à autorregulamentação, ou seja, é necessário que se observem mecanismos como lealdade, transparência e boa-fé durante as negociações. Por esse princípio, tanto empregado quanto empregador, independentemente da forma de negociação coletiva, devem orientar suas ações durante a negociação de maneira a não prejudicar a parte contrária. Tal mecanismo é explicado por Cassar (2014, p. 1216): "É necessária uma análise adequada das proposições do adversário, que retrate com fidelidade a situação real da empresa e das necessidades apontadas na pauta de reivindicações dos trabalhadores". Nesse viés, durante a negociação coletiva, as partes não devem omitir ou simular situações e necessidades que possam impactar diretamente a assimetria de informação do evento. Os pleiteantes devem sempre ter claras suas demandas e seus interesses, ou seja, deve haver uma situação de equilíbrio entre os demandantes.

Esse princípio, juntamente ao de autorregulamentação, é muito importante, pois, ao emergirem dessas negociações coletivas, os regramentos contratuais devem ser justos e equilibrados em relação às partes envolvidas. Nesse contexto, Delgado (2014) destaca a relevância de se elaborar normas, e não simplesmente cláusulas, que conduzam à clareza tanto de termos subjetivos quanto de objetivos envolvidos na negociação.

Logo, o princípio da boa-fé visa suportar muito mais do que a pactuação jurídica coletiva entre as partes; está em seu exercício direcionar a produção autônoma, responsável, transparente e justa de normativas capazes de reger relevantes temas às categorias envolvidas, de modo a não comprometer os limites legais previstos.

Exercício resolvido

1. As relações coletivas de trabalho são guiadas por princípios que orientam as negociações e relações sindicais. Os princípios mais relevantes são: liberdade sindical, autorregulamentação, adequação setorial negociada e boa-fé/transparência nas negociações coletivas. No que se refere a essa dinâmica, avalie as assertivas a seguir e assinale a alternativa a correta:
   a. O princípio da boa-fé é aquele responsável pela limitação de atuação das partes em negociações coletivas, pois existem determinados aspectos legais que devem ser respeitados, ante o alinhamento e a concretização de um acordo ou convenção coletiva.
   b. A liberdade sindical é que a capacidade de dadas categorias de se reunir em uma associação de caráter sindical sem a intervenção do poder do Estado. Esse princípio pode ser desdobrado em: liberdade de criação, liberdade de administração e organização e liberdade de filiação.
   c. O princípio da autorregulamentação deve ser respeitado em todas as formas de negociações, pois é necessário à garantia de que sejam definidos aspectos que de fato sejam relacionados, bem como atendam às necessidades das partes.
   d. O princípio de adequação setorial negociada é aquele que referencia a capacidade tanto de empregadores quanto de empregados de criar e estabelecer normas a serem aplicadas em contratos de trabalho, resultantes de negociações coletivas.

Gabarito: b

Feedback **da atividade:** a alternativa "a" não é adequada, pois o princípio responsável pela limitação de atuação das partes em negociações coletivas é o princípio de adequação setorial negociada. A alternativa "c" não está correta, pois o princípio que deve ser respeitado em todas as formas de negociações, sendo necessário à garantia de definição de aspectos que primem pelo respeito mútuo entre empregadores e empregados na pactuação de seus acordos, é o da boa-fé. A alternativa "d" está incorreta, pois o princípio que diz respeito à capacidade de criar e estabelecer normas a serem aplicadas em contratos de trabalho é o da autorregulamentação.

2.5 Antecedentes do sindicalismo

Antes de iniciarmos o estudo da organização sindical no Brasil, precisamos lançar um olhar preliminar sobre a definição e a origem dos sindicatos. No âmbito global, a origem dessas organizações se mistura com a da Revolução Industrial, principalmente durante o século XVIII. Nesse período, a concentração populacional nos centros urbanos já era elevada em comparação com o contingente populacional rural, tendo em vista a localização estratégica das fábricas nas cidades e o acelerado processo de urbanização dessas localidades.

Ao mesmo tempo que era possível observar na época o desenvolvimento de muitas tecnologias, como as máquinas a vapor, também se verificava um aumento expressivo da exploração da mão de obra dos empregados (homens, mulheres e crianças).

Essas coletividades eram submetidas a severas e indignas condições de trabalho, com longas jornadas sem descanso, ambientes insalubres e inseguros, caracterizados por elevados índices de acidentes. Essas condições eram motivadas pela busca da máxima produtividade e, consequentemente, do máximo lucro.

Foi nesse contexto que muitos trabalhadores, ainda que individualmente, passaram a perceber que o lucro da classe burguesa não poderia ser buscado sem comprometer a dignidade dos proletários, constatando que suas demandas individuais eram similares e poderiam ser reivindicadas em âmbito coletivo, pois grupos uniformemente motivados caracterizam-se por maior força de mudança e de união pela busca por um ambiente de trabalho melhor.

Sobre a concepção seminal do senso de coletividade, Pinto (1998, p. 32) comenta:

Opunham-se, entretanto, às suas nascentes, o mercantilismo e o liberalismo econômico tornado selvagem por sua aliança com o absolutismo do poder estatal – e isso teve papel saliente na concepção de entidades voltadas para uma luta de libertação de trabalhadores, nominalmente livres, porém economicamente sufocados.

Nesse contexto, a classe trabalhadora, ciente da força de sua coletividade, percebeu a necessidade de dispor de representatividade perante seus empregadores, pois a união não seria suficiente para assegurar o alcance de suas reivindicações (Pinto, 1998). Toda essa dinâmica deu origem ao sindicalismo, caracterizado por Pinto (1998, p. 39) como um "movimento destinado a dar configuração e força aos sujeitos das relações entre categorias profissionais e econômicas, [...] terceira e importantíssima consequência da Revolução Industrial".

Com esse panorama mundial devidamente traçado, podemos passar, na próxima seção, à contextualização do movimento sindical em território brasileiro.

2.5.1 Sindicalismo no Brasil

No contexto brasileiro do fim do século XIX e início do XX, o sindicalismo não acompanhou os processos de implantação sindical que ocorreram na Europa, haja vista que o modelo econômico nacional nesse período era voltado ao latifúndio e não à produção industrial, ambiente propulsor da criação de sindicatos por excelência. No entanto, conforme comenta Barcellos (2017, p. 233), o "O Brasil passou de um regime escravocrata a uma incipiente economia industrial em poucas décadas". Assim, já no ano de 1891, com a promulgação da primeira Constituição republicana, a cultura sindical foi fortalecida com o reconhecimento da liberdade de associação. Foi nesse período que se observou um processo mais intenso de migração de europeus para o Brasil. Juntamente a essa coletiva, veio o conhecimento sobre os movimentos sindicais que já ocorriam na Europa. Somando-se a isso o fortalecimento da indústria brasileira, criava-se o ambiente propício para os trabalhadores brasileiros buscarem melhores e dignas condições de trabalho e, portanto, para o surgimento do sindicalismo no país.

Conforme estudos de Nascimento (2003), foi nesse contexto que surgiram no Brasil as primeiras estruturas de apoio ao trabalhador – as **Ligas Operárias**, que tinham como função assistir os trabalhadores, informando-os sobre seus direitos e fornecendo-lhes materiais de socorro em caso de acidentes. Atente que tais estruturas representam o início dos atuais sindicatos. Barcelos (2017) lista algumas dessas agremiações:

- Liga da Resistência dos Trabalhadores em Madeira (1901);
- Liga dos Operários em Couro (1901);
- Liga de Resistência das Costureiras (1906).

Como marco legal da criação dos sindicatos em âmbito brasileiro, a promulgação de dois decretos foram cruciais para o fortalecimento do movimento: Decreto n. 979, de 6 de janeiro de 1903, que previa e autorizava a união, na forma de sindicatos, de pessoas que trabalhassem em âmbito rural, e o Decreto n. 1.637, de 5 de janeiro de 1907, que previa a possibilidade de criação de sindicatos profissionais no âmbito urbano. Cumpre destacar que, independentemente do foco de atuação, ambas as estruturas, visavam ao estudo, ao custeio e à defesa dos interesses dos trabalhadores (Brito Filho, 1996).

Para saber mais

Os Decretos n. 979/1903 e n. 1.637/1907 constituíram relevante marco lega, ao movimento sindicalista brasileiro, pois representaram a primeira iniciativa de estabelecimento normativo voltado aos interesses dos trabalhadores das classes rurais e urbanas. Embora atualmente existam regramentos jurídicos mais modernos que os diplomas legais citados, indicamos a leitura de seus textos.

BRASIL. Decreto n. 979, de 6 de janeiro de 1903. **Coleção de Leis do Brasil**, Poder Legislativo, Rio de Janeiro, RJ, 6 jan. 1903. Disponível em: <http://www.planalto.gov.br/ccivil_03/decreto/antigos/D0979.htm>. Acesso em: 16 ago. 2021.

BRASIL. Decreto n. 1.637, de 5 de janeiro de 1907. **Diário Oficial**, Poder Legislativo, Rio de Janeiro, RJ, 11 jan. 1907. Disponível em: <https://www2.camara.leg.br/legin/fed/decret/1900-1909/decreto-1637-5-janeiro-1907-582195-publicacaooriginal-104950-pl.html>. Acesso em: 16 ago. 2021.

Ainda sobre os decretos anteriormente citados, Nascimento (2003, p. 41) destaca que o Decreto n. 1.637/1907 "organizou o sindicalismo urbano reunindo profissões similares ou conexas. Estabeleceu como fim do sindicato o estudo, a defesa e o desenvolvimento dos interesses gerais da profissão".

O movimento sindical também foi fortemente impactado pelo governo da Era Vargas, período de muitas mudanças, em especial na esfera do trabalho, com a criação da Convenção das Leis Trabalhistas (CLT) em 1º de maio de 1943. Desde a Constituição de 1937 já se observava uma forte intervenção do Estado nas ações sindicalistas. Sobre essa dinâmica, Nascimento (2003) destaca que o governo impunha às estruturas sindicais da época o modelo italiano, no qual os integrantes dessas associações deveriam assumir a função de colaboração com o Poder Público, ou seja, eram controlados de maneira "polida" pelo Estado. Em outras palavras, a Lei Maior da época caracterizou os sindicatos como uma organização corporativa representada pela força de trabalho nacional, cujas existência e proteção relacionavam-se ao Estado, exercendo, portanto, funções delegadas pelo Poder Público, tanto que as normas regulamentadoras de contratos coletivos de trabalho passaram a ser estabelecidas pelo Conselho de Economia Nacional (Nascimento, 2003).

Com tal configuração, o movimento sindical da época claramente não conseguiria atuar efetivamente na garantia dos direitos trabalhistas. Nesse contexto, muitos de seus representantes eram frequentemente perseguidos pelo Estado, tendo limitadas suas capacidades de associação e de sindicalização.

Foi somente com a Constituição de 1988 que o movimento sindicalista brasileiro de fato passou a fruir de aspectos relacionados à liberdade de associação. A partir desse período, tanto empregados quanto empregadores passaram a poder se associar e defender seus interesses. Cumpre destacar que o texto de 1988 não acompanhou as premissas da CLT relacionadas ao sindicalismo, como a possibilidade de intervenção direta do Estado.

Atualmente, os sindicatos (profissionais e econômicos) são organizações essenciais para negociações e relações coletivas, tais como acordos, convenções e contratos de trabalho. Na CF/1988, em seu art. 8º, é prevista a liberdade sindical como direito constitucional e, como tal, irrevogável por meio de lei. Apoiando a Lei Maior, o art. 511 da CLT conceitua *sindicato* como uma associação voltada ao estudo, à defesa e à coordenação dos interesses econômicos ou profissionais daqueles que exerçam uma mesma atividade/profissão similar ou conexa. Assim, podemos definir *sindicatos* como entidades associativas que agrupam indivíduos que, unidos por certo vínculo (profissional ou econômico), buscam a observância de seus direitos trabalhistas. Sobre a capacidade associativa dessas agremiações, Magano (1990) indica que ela se refere aos seguintes elementos, como demonstrado na Figura 2.2, a seguir.

Figura 2.2 – Elementos da capacidade associativa dos sindicatos

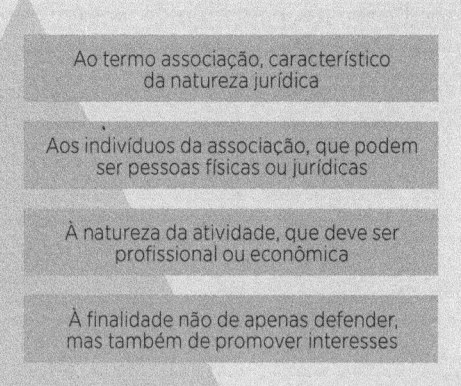

- Ao termo associação, característico da natureza jurídica
- Aos indivíduos da associação, que podem ser pessoas físicas ou jurídicas
- À natureza da atividade, que deve ser profissional ou econômica
- À finalidade não de apenas defender, mas também de promover interesses

Fonte: Elaborado com base em Magano, 1990.

Ainda com respeito a essa conceituação, Cassar (2014) pontua o sindicato como pessoa jurídica de direito privado, tratando-se de uma associação sem fins lucrativos, de caráter privado, constituído e administrado por seus membros com a finalidade única de defesa dos interesses de seus representados.

Importante

É importante destacar que, embora os sindicatos defendam os direitos e interesses trabalhistas de seus representados, estes podem ser atendidos tanto individualmente quanto coletivamente.

A presença sindical nas relações coletivas de trabalho também é respaldada pela necessidade de tornar a relação empresa-empregado a mais justa possível, visto que, quando considerado apenas o ponto de vista individual do demandante, há maior assimetria de forças nas negociações estabelecidas. Em tal desequilíbrio, observe que sempre haverá prevalência da vontade do empregador, visto que o empregado está sujeito a ele.

É justamente em contextos como o ora relatado que a presença sindical ganha espaço, pois, quando os sindicatos participam das negociações coletivas, a assimetria de força é equilibrada. Correia (2018, p. 1264) disserta sobre o exposto ao indicar que

> na presença do sindicato para a defesa dos trabalhadores, as partes são equivalentes. Diante disso, não se aplica ao sindicato profissional o princípio protetivo, pois ele é um ser coletivo, com ampla possibilidade de defesa dos trabalhadores, sem qualquer tipo de subordinação às empresas. Por isso, algumas concessões e restrições aos direitos dos trabalhadores, por exemplo, a redutibilidade salarial – art. 7°, VI, CF/88 – somente são válidas se feitas via negociação coletiva.

Para aprofundar as questões estudadas até este ponto, a seguir apresentamos as prerrogativas dos sindicatos, conforme o art. 513 da CLT (Brasil, 1943), de acordo com a Figura 2.3, a seguir.

Figura 2.3 – Prerrogativas sindicais

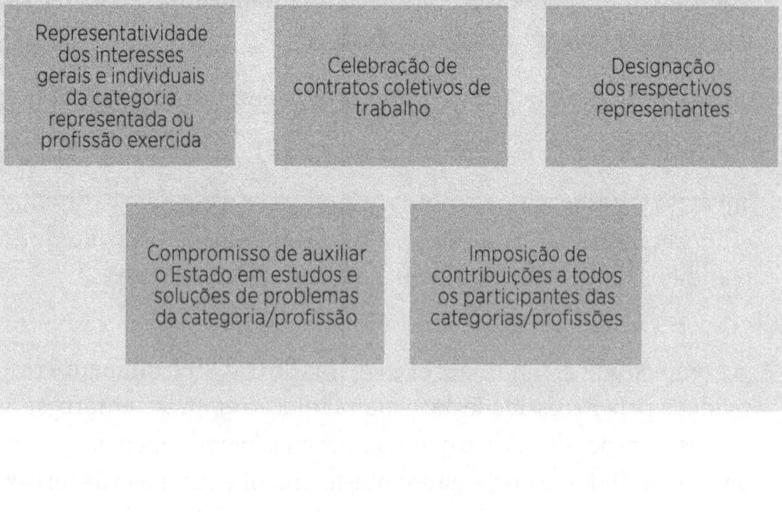

- Representatividade dos interesses gerais e individuais da categoria representada ou profissão exercida
- Celebração de contratos coletivos de trabalho
- Designação dos respectivos representantes
- Compromisso de auxiliar o Estado em estudos e soluções de problemas da categoria/profissão
- Imposição de contribuições a todos os participantes das categorias/profissões

Quanto aos deveres dos sindicatos, conforme art. 514 da CLT (Brasil, 1943), elencamos os seguintes (Figura 2.4):

Figura 2.4 – Deveres dos sindicatos

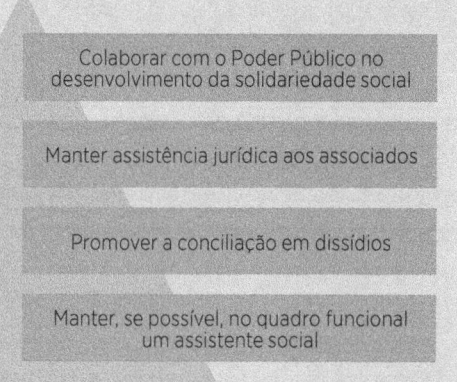

- Colaborar com o Poder Público no desenvolvimento da solidariedade social
- Manter assistência jurídica aos associados
- Promover a conciliação em dissídios
- Manter, se possível, no quadro funcional um assistente social

Cumpre destacar que a representação dos empregadores também conta com deveres igualmente previstos no referido artigo da CLT:

- promover a fundação de cooperativas de consumo e de crédito;
- fundar e manter instituições de alfabetização e pré-vocacionais.

Exercícios resolvidos

1. Os sindicatos têm como finalidade coordenar ações e regramentos que observem aos interesses das categorias representadas, sejam profissionais, sejam econômicas. A participação dessas associações em negociações coletivas do trabalho visam tornar mais justa a relação entre empregador e empregado. No que se refere a esse contexto, avalie as assertivas a seguir e assinale a alternativa correta:
a. No Brasil, o sindicalismo acompanhou os movimentos que ocorriam na Europa no século XVIII.

b. A capacidade associativa característica dos sindicatos se refere a aspectos como: o termo *associação*, característico da natureza jurídica; os indivíduos da associação; a natureza da atividade; e os deveres relacionados às categorias/profissões representadas.
c. São exemplos de deveres dos sindicatos: representatividade dos interesses das respectivas categorias/profissões; celebração dos contratos coletivos de trabalho; e colaboração com o Estado.
d. A presença sindical nas relações coletivas de trabalho é respaldada pela necessidade de tornar a relação empresa-empregado a mais justa possível, visto que há uma maior assimetria de força nas negociações estabelecidas, quando considerado apenas o ponto de vista individual, e não o coletivo.

Gabarito: d

Feedback **da atividade:** a alternativa "a" não está adequada, pois o sindicalismo brasileiro não acompanhou os processos de implantação sindical que já ocorriam na Europa no século XVIII, visto que o modelo econômico nacional naquele período histórico era voltado ao latifúndio, e não à produção industrial. A alternativa "b" está incorreta, pois a capacidade associativa dos sindicatos refere-se aos seguintes aspectos: ao termo *associação*; à tipologia dos indivíduos da associação, à natureza da atividade; e à finalidade da associação. A alternativa "c" não está correta, pois os aspectos indicados como deveres são, na realidade, exemplos de prerrogativas dos sindicatos.

2.5.2 Sindicalismo e suas categorias

Atualmente, o sindicalismo no Brasil é dividido por categorias. Segundo Neto e Cavalcante (2013, p. 1224), o termo *categoria*, nesse contexto, compreende o "vínculo que agrupa atividades ou profissões. Profissão corresponde ao lado trabalhista e, atividade, ao lado empresarial".

Logo, essa é a razão da coexistência entre sindicatos orientados tanto à defesa da categoria dos trabalhadores quanto à dos empregadores. Salientamos que também há a categoria composta por profissionais que, por suas especificidades, não se enquadram nas categorias anteriores. O art. 511 da CLT assim caracteriza o contexto anteriormente descrito:

> Art. 511. É lícita a associação para fins de estudo, defesa e coordenação dos seus interesses econômicos ou profissionais de todos os que, como empregadores, empregados, agentes ou trabalhadores autônomos ou profissionais liberais exerçam, respectivamente, a mesma atividade ou profissão ou atividades ou profissões similares ou conexas. (Brasil, 1943)

No referido artigo também é caracterizado o conceito de **categoria econômica**: categoria formada por aqueles que empreendem atividades idênticas, similares ou conexas e que, pela solidariedade de seus interesses econômicos, constituem vínculo social básico. Já a **categoria profissional** é aquela formada por indivíduos com condições profissionais ou de trabalho similares, bem como com situação de emprego similar ou de conexa atividade econômica. Segundo o parágrafo 3º do art. 511, a **categoria profissional diferenciada** é aquela constituída por empregados que exercem profissões/ funções diferenciadas por força especial ou em decorrência de condições singulares (Brasil, 1943).

Em razão da caracterização das categorias, podemos afirmar que a formação destas é condicionada aos aspectos de similitude ou conexão entre os indivíduos em suas atividades, funções ou profissões exercidas.

Na categoria profissional, Delgado (2014) destaca que é a similitude laborativa (empregados que exerçam atividade econômica idêntica, similar ou conexa) que atua como ponto de agregação da categoria. Logo, ainda conforme Delgado (2014, p. 1394), a "categoria profissional, regra geral, identifica-se, pois, não pelo preciso tipo de labor ou atividade que exerce o obreiro (e nem por sua exata profissão), mas pela vinculação a certo tipo de empregador".

Nesse viés, Nascimento (2003) também esclarece que o sindicato por categoria é aquele que representa trabalhadores de um mesmo setor de atividade produtiva ou prestação de serviços, e que as empresas de um mesmo setor formam a categoria econômica correspondente à atividade produtiva ou prestadora de serviços.

Perguntas & respostas

Os termos *atividade idêntica*, *atividade similar* e *atividade conexa* têm o mesmo sentido de aplicação no que tange à questão das relações de trabalho?
Não. Observe que, quando se trata de atividades idênticas, o exercício delas corresponde à mesma atividade, ao passo que atividades similares abarcam as que se conectam por estarem aplicadas em mesmo ramo de atuação. Por fim, a atividade conexa é aquela que estabelece uma relação de complementaridade.

É necessária muita atenção nesse ponto, pois, ao se estabelecer a categoria profissional à que determinado trabalhador pertence, deve-se considerar a empresa para a qual ele presta serviço, e não a atividade que exerce, visto que o trabalhador vai constituir vínculo social com seus pares, que também prestam serviços para a mesma empresa, e serão esses indivíduos que, unidos, formarão uma categoria com força para buscar seus direitos e interesses.

Assim, é adequado afirmar que a categoria profissional resulta da similaridade de condições de vida profissional em comum. Também é importante levar em consideração o local (características, ambiente) no qual ocorre a prestação de serviços, pois esse fator será determinante para o enquadramento de categoria.

Importante

Não apenas os trabalhadores unem-se em sindicatos, distribuídos por categorias. As empresas também se unem em categorias para defender e promover seus interesses. De acordo com o parágrafo 1º do art. 511 da CLT, a categoria à qual as empresas se enquadram é a **econômica**, pois, conforme o referido texto, ela é resultante da união de empresas que exploram atividades idênticas, similares ou conexas.

A categoria profissional diferenciada, como já comentado, é aquela que abarca profissões que têm estatuto profissional especial e que não se enquadram dentro das classes existentes, mas que formam vínculo por meio dessas espécies diferenciadas. Sobre a categoria profissional diferenciada, Cassar (2014, p. 1224) comenta que

> uma categoria será considerada diferenciada quando de fato constituir sindicato que não corresponda ao paralelismo simétrico sindical. O paralelismo sindical importa na existência de um sindicato representativo da categoria profissional para cada sindicato correspondente à categoria econômica.

Exemplificando

Nascimento (2003) também contribui ao tema ao indicar que uma categoria profissional diferenciada pode ser composta por pessoas que exercem a mesma profissão. Por exemplo: engenheiros podem formar um sindicato por profissão. Nessa associação, estarão reunidos todos os engenheiros de uma base territorial, não interessando o setor de atividade econômica no qual sua empresa se encontre. Observe que, nesse caso, o aspecto decisivo para o critério de agrupamento será a profissão, independentemente da categoria na qual ela seja exercida.

É importante destacar que, na categoria profissional diferenciada, por não existir uma categoria econômica correspondente, não há obrigatoriedade de as empresas participarem das negociações coletivas advindas dessas classes. Sobre tal situação, Correia (2018, p. 1275) comenta que

> a formação do sindicato será apenas para defesa dos trabalhadores, pois não há categoria diferenciada para empregadores. Aliás, a configuração da categoria diferenciada independe da atividade preponderante do empregador. [...]. A empresa não está, entretanto, obrigada a cumprir as normas coletivas da categoria diferenciada se não participou da negociação coletiva. Exemplo: o motorista da instituição de ensino não será beneficiado com as cláusulas da categoria diferenciada, se a empresa para a qual ele trabalha não participou dessa negociação.

Síntese

- As relações coletivas de trabalho são regidas por princípios que orientam o funcionamento de ações sindicais, bem como das negociações coletivas. São eles: liberdade sindical, autorregulamentação, adequação setorial negociada e boa-fé/transparência nas negociações coletivas.
- O princípio da liberdade sindical se subdivide em: liberdade de criação e fundação dos sindicatos; liberdade de administração e organização dos sindicatos; e liberdade de filiação aos sindicatos.
- O princípio da autorregulamentação refere-se à capacidade tanto de empregadores quanto de empregados de criar e estabelecer normas a serem aplicadas em contratos de trabalho.
- O princípio da adequação setorial negociada é aquele responsável pela limitação de atuação das partes em negociações coletivas, pois existem determinados aspectos legais que devem ser respeitados ante o alinhamento e a concretização de um acordo ou uma convenção coletiva.

- O princípio da boa-fé e da transparência deve ser respeitado em todas as formas de negociações, pois é necessária a garantia de que sejam definidos aspectos que de fato atendam às necessidades das partes. Em outras palavras, esse princípio prima pelo respeito mútuo entre empregadores e empregados na pactuação de acordos.
- Os sindicatos têm como finalidade coordenar ações e regramentos que observem os interesses das categorias representadas, sejam profissionais, sejam econômicas. A participação dessas associações em negociações coletivas do trabalho visa tornar mais justa a relação entre empregador e empregado.
- Compõem prerrogativas dos sindicatos aspectos como: representatividade dos interesses das respectivas categorias/profissões; celebração dos contratos coletivos de trabalho; e colaboração com o Estado.
- São exemplos de deveres dos sindicatos: colaborar com o Poder Público de forma a promover o desenvolvimento da solidariedade social e manter serviços de assistência judiciária aos associados.
- Os sindicatos são divididos em categorias, no contexto sindical, temos as seguintes: profissional, econômica e profissional diferenciada.

ESTRUTURA
SINDICAL
BRASILEIRA

3

INTRODUÇÃO DO CAPÍTULO:

Neste capítulo, vamos apresentar a organização e a estrutura sindical brasileira atual. Neste capítulo, nossos objetivos são os seguintes:

- Demonstrar que a organização e a estrutura sindical brasileira decorre da soma dos debates e das lutas que possibilitaram as modificações apresentadas pela Constituição Federal de 1988, pela Consolidação das Leis do Trabalho (CLT) e pelas respectivas reformas.
- Apresentar as estruturas interna e externa dos sindicatos e suas especificações.
- Tratar da unicidade e da pluralidade sindicais e as diferenças entre os sistemas sindicais nesses contextos.
- Especificar o processo de formalização do registro sindical, demonstrando como os sindicatos funcionavam em sua origem no país e como evoluíram até sua forma atual.
- Abordar as funções, as prerrogativas e receitas sindicais, bem como as matérias reguladas pela CLT.
- Discutir a proteção para a atuação sindical, bem como as garantias de que os sindicatos dispõem.

CONTEÚDOS DO CAPÍTULO:

- Organização e estrutura sindical brasileira.
- Unicidade e pluralidade sindical.
- Centrais sindicais.
- Funções e prerrogativas das entidades sindicais.
- Receitas sindicais.
- Proteções à atuação sindical e garantias sindicais.

APÓS O ESTUDO DESTE CAPÍTULO, VOCÊ SERÁ CAPAZ DE:

1. identificar a organização e a estrutura sindical brasileira;
2. reconhecer a importância da unicidade e da pluralidade sindicais;
3. Avaliar o funcionamento das centrais sindicais;
4. tipificar as funções e as prerrogativas das entidades sindicais;
5. analisar as receitas sindicais;
6. enquadrar proteções à atuação sindical e garantias sindicais.

3.1 Organização e estrutura sindical brasileira atual

A organização e a estrutura sindical brasileira atual decorrem da soma dos debates e das lutas que nos viabilizaram as propostas emitidas pela Constituição Federal de 1988 (CF/1988) e pela Consolidação das Leis do Trabalho (CLT) sobre o assunto, bem como as reformas correlatas.

Ainda hoje existem inúmeros aspectos relacionados ao mundo do trabalho e dos sindicatos que acarretam os mesmos debates e lutas. Podemos afirmar que, à luz da doutrina, alguns dispositivos existentes na CLT não foram recepcionados pela CF/1988 em razão de caracterizarem indícios de interferência administrativa do Estado na organização sindical.

Exemplificando

O número existente de órgãos sindicais internos, a quantidade de seus componentes ou até mesmo as atividades e as prerrogativas concedidas aos sindicatos ou artigos presentes na CLT responsáveis por regular o reconhecimento e a investidura sindicais, com seus ritos e atos próprios (art. 515 e seguintes, CLT).

Ademais, há outros dispositivos que são fortemente questionados, pois restringem a autonomia sindical, podendo inviabilizar a atuação natural por parte dos sindicatos.

3.2 Estrutura sindical

Para tratarmos do tema desta seção, identificaremos o sistema sindical, sua composição e seu funcionamento interno.

3.2.1 Estrutura externa

A estrutura externa – que teve alguns dispositivos não recepcionados pela CF/1988, consequentemente sendo revogados – mantém-se dentro dos moldes corporativistas. O sistema é representado por uma pirâmide, composta em sua base pelos sindicatos, no meio pelas federações e no topo pelas confederações, como representado na Figura 3.1, a seguir.

Figura 3.1 – Pirâmide sindical

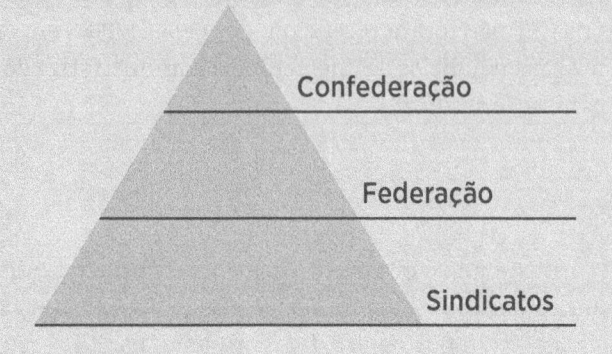

(Pirâmide: Confederação / Federação / Sindicatos)

Convém ressaltar que a jurisprudência tem negado poderes inerentes às entidades sindicais, especificamente com relação à representatividade jurídica e aos privilégios da negociação coletiva. Vejamos a estrutura anteriormente descrita começando pela base.

- **Sindicatos:** são únicos, devendo ser organizados de acordo com a categoria profissional/diferenciada quando abrangem os trabalhadores e em categoria econômica quando se referem a empregadores. Atuam diretamente com os trabalhadores e têm prioridade em negociações coletivas, podendo reorganizar-se independentemente do Estado, devendo observar a regra da unicidade e da limitação de território.

Importante

Não podemos confundir *sindicato* com *associação profissional*. Antes da CF/1988, a associação correspondia ao modelo de fase preliminar do sindicato que conhecemos hoje. Antigamente, as associações profissionais dependiam do aceite do Ministério do Trabalho, que reconhecia a associação profissional mais representativa para cada categoria (Renzetti, 2018). Com a promulgação da Constituição Cidadã, o modelo ficou ultrapassado, tendo em vista que foi a liberdade sindical foi assegurada, impedindo a ingerência estatal na criação ou na organização dos sindicatos.

A esse respeito, Resende (2019) explica:

> Atualmente, as associações profissionais porventura existentes são meras associações civis, sem qualquer prerrogativa de entidade sindical. Não lhes é atribuída a prerrogativa de negociação coletiva, e, obviamente, aos seus dirigentes não se aplicam as garantias conferidas aos dirigentes sindicais, como, por exemplo, a garantia de emprego e a garantia de intransferibilidade. (Resende, 2019, p. 1805)

De acordo com a CF/1988, a base territorial mínima dos sindicatos é o município. Podemos concluir, assim, que a Lei Maior não recepcionou o art. 517 da CLT, que permite como base sindical o distrito municipal. Bases territoriais mais largas são possíveis, o que viabiliza a existência de sindicatos nacionais. Nesse sentido, observe o que dispõem o inciso II do art. 8º da CF/1988 e o art. 517 da da CLT:

> Art. 8º. É livre a associação profissional ou sindical, observado o seguinte: [...]
> II – É vedada a criação de mais de uma organização sindical, em qualquer grau, representativa de categoria profissional ou econômica, na mesma base territorial, que será definida pelos trabalhadores ou empregadores interessados, não podendo ser inferior à área de um Município;
> (Brasil, 1988)

> Art. 517. Os sindicatos poderão ser distritais, municipais, intermunicipais, estaduais e interestaduais. Excepcionalmente, e atendendo às peculiaridades de determinadas categorias ou profissões, o ministro do Trabalho, Indústria e Comércio poderá autorizar o reconhecimento de sindicatos nacionais. (Brasil, 1943)

- **Federações**: caracterizam-se pela união mínima de cinco sindicatos de mesma categoria profissional, diferenciada ou econômica; são estruturas inseridas na esfera estadual. Vejamos os dispositivos da CLT:

> Art. 534. É facultado aos Sindicatos, quando em número não inferior a 5 (cinco), desde que representem a maioria absoluta de um grupo de atividades ou profissões idênticas, similares ou conexas, organizarem-se em federação. (Brasil, 1943)

- **Confederações**: correspondem à junção de, no mínimo, três federações, desde que sejam respeitadas as categorias e que a sede da organização seja em Brasília, tendo âmbito nacional. Vejamos o dispositivo da CLT:

> Art. 535. As Confederações organizar-se-ão com o mínimo de 3 (três) federações e terão sede na Capital da República. (Brasil, 1943)

Perguntas & respostas

Levando em consideração a composição da estrutura sindical, podemos assumir que essa organização tem grande predileção por um modelo horizontal e que não existe hierarquia entre os órgãos sindicais?

Normalmente, federações e confederações caracterizam-se apenas pela função de coordenação das atividades dos sindicatos a elas afiliados. Entretanto, em situações específicas, essas estruturas podem assumir processos de negociação coletiva, bem como celebrar acordos coletivos de trabalho (ACT), convenções coletivas de trabalho (CCT) ou dissídio coletivo.

Essas situações ocorrem quando a categoria não conta com sindicato, de acordo com os arts. 611, parágrafo 2º, e 857, parágrafo único, da CLT:

> Art. 611. [...]
> § 2º As Federações e, na falta desta, as Confederações representativas de categorias econômicas ou profissionais poderão celebrar convenções coletivas de trabalho para reger as relações das categorias a elas vinculadas, inorganizadas em Sindicatos, no âmbito de suas representações.
> Art. 857. A representação para instaurar a instância em dissídio coletivo constitui prerrogativa das associações sindicais, excluídas as hipóteses aludidas no art. 856, quando ocorrer suspensão do trabalho.
> Parágrafo único. **Quando não houver sindicato representativo da categoria econômica ou profissional, poderá a representação ser instaurada pelas federações correspondentes e, na falta destas, pelas confederações respectivas, no âmbito de sua representação.** (Brasil, 1943, grifo nosso)

Resende (2019) nos ensina que não existe na lei determinação de que a negociação coletiva deve ser assumida por federação ou confederação quando existir sindicato da categoria, este não levando adiante, de maneira injustificada, a negociação desejada pelos empregados. É o que dispõe o art. 617 da CLT:

> Art. 617. Os empregados de uma ou mais empresas que decidirem celebrar Acordo Coletivo de Trabalho com as respectivas empresas darão ciência de sua resolução, por escrito, ao Sindicato representativo da categoria profissional, que terá o prazo de 8 (oito) dias para assumir a direção dos entendimentos entre os interessados, devendo igual procedimento ser observado pelas empresas interessadas com relação ao Sindicato da respectiva categoria econômica.
> § 1º Expirado o prazo de 8 (oito) dias sem que o Sindicato tenha se desincumbido do encargo recebido, poderão os interessados dar conhecimento do fato à Federarão a que estiver vinculado o Sindicato e, em falta dessa, à correspondente Confederação, para que, no mesmo prazo, assuma a direção dos entendimentos. Esgotado esse prazo, poderão os interessados prosseguir diretamente na negociação coletiva até final. (Brasil, 1943)

- **Centrais sindicais:** além das estruturas anteriormente descritas na pirâmide da estrutura sindical, podemos citar as centrais sindicais. Essas organizações não se caracterizam por modelo corporativista, pois são **órgãos de cúpula** – podemos considerar que representam um contraponto desse paradigma, uma tentativa de superação, constituindo-se em uma abordagem social, política e ideológica e representando entidades líderes do movimento sindical, que atuam influenciando toda a pirâmide da estrutura sindical, organizada pela ordem jurídica.

  As centrais sindicais buscam unir a atuação sindical, não dispondo, de acordo com a jurisprudência, poder para representação, sendo vedados de participar das negociações coletivas trabalhistas. Entretanto, são organização muito importantes, sendo componentes decisivos na democracia, pois fixam linhas de atuação aos sindicatos nos âmbitos geográfico e social, podendo ainda formalizar instrumentos culturais e logísticos para as bases envolvidas.

O que é

De acordo com a Lei n. 11.648, de 31 de março de 2008 (Brasil, 2008), art. 1º, *caput* e parágrafo único, combinado com art. 2º do mesmo diploma legal, podemos conceituar *central sindical* como a entidade de representação dos trabalhadores que se forma em perímetro nacional como ente associativo privado, constituído por organizações sindicais de trabalhadores que atendam aos requisitos de filiação mínimos previstos na legislação (Delgado, 2019).

As prerrogativas e os requisitos mínimos para existência de central sindical estão legalmente dispostos na Lei n. 11.648/2008, vejamos:

> Art. 1º A central sindical, entidade de representação geral dos trabalhadores, constituída em âmbito nacional, terá as seguintes atribuições e prerrogativas:

I – Coordenar a representação dos trabalhadores por meio das organizações sindicais a ela filiadas; e
II – Participar de negociações em fóruns, colegiados de órgãos públicos e demais espaços de diálogo social que possuam composição tripartite, nos quais estejam em discussão assuntos de interesse geral dos trabalhadores.
Parágrafo único. Considera-se central sindical, para os efeitos do disposto nesta Lei, a entidade associativa de direito privado composta por organizações sindicais de trabalhadores.
Art. 2º Para o exercício das atribuições e prerrogativas a que se refere o inciso II do caput do art. 1º desta Lei, a central sindical deverá cumprir os seguintes requisitos:
I – Filiação de, no mínimo, 100 (cem) sindicatos distribuídos nas 5 (cinco) regiões do País;
II – Filiação em pelo menos 3 (três) regiões do País de, no mínimo, 20 (vinte) sindicatos em cada uma;
III – Filiação de sindicatos em, no mínimo, 5 (cinco) setores de atividade econômica; e
IV – Filiação de sindicatos que representem, no mínimo, 7% (sete por cento) do total de empregados sindicalizados em âmbito nacional.
Parágrafo único. O índice previsto no inciso IV do caput deste artigo será de 5% (cinco por cento) do total de empregados sindicalizados em âmbito nacional no período de 24 (vinte e quatro) meses a contar da publicação desta Lei. (Brasil, 2008)

Importante mencionar que a aferição dos requisitos expostos cabe aos órgãos competentes da área do Trabalho, conforme art. 4º da referida lei.

3.2.2 Estrutura e funcionamento internos

A estrutura e o funcionamento internos dos sindicatos são quesitos previstos no Título V da CLT, que determina um dos maiores pontos de conflito com a CF/1988 no que tange à validade do dispositivo do ponto de vista legal.

Em seus arts. 522 e 523, a CLT determina que a direção sindical deve ser assumida por uma diretoria composta por, no máximo, sete e, no mínimo, três membros. Também demanda a existência de um conselho fiscal, composto por três membros. Esses órgãos devem ser eleitos em assembleia geral, e os delegados sindicais, ser designados pela diretoria:

> Art. 522. A administração do sindicato será exercida por uma diretoria constituída no máximo de sete e no mínimo de três membros e de um Conselho Fiscal composto de três membros, eleitos esses órgãos pela Assembleia Geral.
> § 1º A diretoria elegerá, dentre os seus membros, o presidente do sindicato.
> § 2º A competência do Conselho Fiscal é limitada à fiscalização da gestão financeira do sindicato.
> § 3º Constituirão atribuição exclusiva da Diretoria do Sindicato e dos Delegados Sindicais, a que se refere o art. 523, a representação e a defesa dos interesses da entidade perante os poderes públicos e as empresas, salvo mandatário com poderes outorgados por procuração da Diretoria, ou associado investido em representação prevista em lei.
> Art. 523. Os Delegados Sindicais destinados à direção das delegacias ou seções instituídas na forma estabelecida no § 2º do art. 517 serão designados pela diretoria dentre os associados radicados no território da correspondente delegacia. (Brasil, 1943)

Perguntas & respostas

Os delegados sindicais devem escolhidos como diretores, e não eleitos em assembleia. Podemos concluir que o texto da CLT afronta o princípio de autonomia sindical, que é amplamente assegurado pelo dispositivo constitucional?

Segundo Delgado (2019), é seguro afirmar que, em certa medida, a resposta à questão é "sim", principalmente por inviabilizar uma organização e atuação sindical segura, ágil e eficaz. A matéria é própria para os estatutos sindicais, fundamentada no princípio da autonomia organizativa que auxilia as associações. Os estatutos baseiam-se na extensão da base sindical, no número de associados e de potenciais representados, na diversidade empresarial envolvida e em fatores correspondentes.

Obviamente, há relação com a autonomia relativa, pois tampouco a ordem jurídica ou a Constituição acolhem o exercício abusivo de qualquer direito. Assim, caso os estatutos usem o critério abusivo e desproporcional no contexto das necessidades reais do sindicato para direcionar suas funções em busca da estabilidade conferida pela CF/1988, a retificação do ato abusivo deve ser judicialmente efetivada.

3.3 Unicidade e pluralidade sindical

A unicidade e a pluralidade sindicais são pontos importantíssimos que não podemos deixar de analisar. Para aprofundarmos essa abordagem, vamos apresentar a importante diferenciação entre os sistemas sindicais, que reside na disjuntiva unicidade *versus* pluralidade de sindicatos.

Segundo Delgado (2019), a unicidade condiz com a previsão normativa obrigatória de um único sindicato para representar os correspondentes trabalhadores, seja por empregador, seja por empregado, seja por categoria profissional. Portanto, corresponde à determinação do tipo sindical do qual a organização será passível na sociedade, impossibilitando a pluralidade. Resumindo, podemos afirmar que o sistema de sindicato único ocorre com o monopólio de representação sindical dos sujeitos trabalhistas.

Desde a década de 1930, é adotado no Brasil o sistema de unicidade sindical, que permite um sindicato único por força de norma jurídica, devendo ser respeitado o critério organizativo da categoria profissional.

> O sistema da liberdade sindical, seja com pluralismo, seja com unidade prática de sindicatos, prepondera na maioria dos países ocidentais desenvolvidos (França, Inglaterra, Alemanha, EUA, etc.). Nos países em que há unidade prática de sindicatos (caso da Alemanha), ela resulta da experiência histórica do sindicalismo, e não de determinação legal. Esse sistema de liberdade sindical plena encontra-se propugnado pela Convenção 87 da OIT, de 1948, ainda não subscrita pelo Brasil. (Delgado, 2019, p. 1597)

É importante explicar que há diferença entre *unicidade* e *unicidade sindical*. A primeira corresponde à sistemática em que há imposição da lei para existência de sindicato único; a segunda diz respeito à estruturação ou operação unitárias dos sindicatos – na prática, decorre da maturidade da organização, e não de imposição legal. Assim, Delgado (2019) ensina que o sistema de liberdade sindical plena, como a indicada na Convenção n. 87, de 17 de junho de 1948, da Organização Internacional do Trabalho (OIT), que não sustenta a imposição da pluralidade sindical pela lei. O documento afirma apenas ser dever da legislação a regulamentação da estrutura e da organização sindicais, sendo responsabilidade dessas agremiações eleger sozinhos a melhor maneira de se instituírem.

3.3.1 Unicidade no Brasil: modelo tradicional

O modelo tradicional de unicidade sindical foi implementado no Brasil nos anos de 1930 até 1945, no período da ditadura Vargas, e permaneceu nas décadas seguintes, contando com alguns pontos estruturais específicos que vamos ver na sequência.

- **Modelo de sindicato único**: paradigma a ser organizado por categoria profissional ou diferenciada, com monopólio de representação na respectiva base.
- **Vinculação direta ou indireta do sindicalismo ao Estado**: processo desenvolvido de acordo com o controle político-administrativo

exercitado pelo então Ministério do Trabalho. Essa iniciativa também incluía cooptações política, ideológica e administrativa dos quadros sindicais por meio de sua participação no aparelho de Estado, especialmente na Justiça do Trabalho, pela representação classista.

- **Financiamento compulsório do sistema:** processo motivado pela contribuição sindical obrigatória, de origem legal.
- **Existência de amplo poder normativo do Judiciário Trabalhista:** motivada pela negociação coletiva sindical direta.

3.3.2 Posição da Constituição de 1988

Com a CF/1988, deu-se início a uma transição para a democratização do sistema sindical brasileiro, processo ainda não concluído. O andamento inicial da iniciativa constituiu-se em um sincretismo de regras, afastando traços marcantes do autoritarismo ditatorial do modelo antigo, mas ainda conservando características significativas de sua antiga matriz.

Segundo Delgado (2019), a CF/1988 teve os seguintes papéis na democratização:

- Afastou a possibilidade jurídica de intervenção e interferências político-administrativas do Estado, via Ministério do Trabalho, no sindicalismo (art. 8°, I).
- Reforçou o papel dos sindicatos na defesa dos direitos e interesses coletivos ou individuais da categoria, inclusive em questões judiciais e administrativas (art. 8°, III).
- Alargou os poderes da negociação coletiva trabalhista, sempre sob o manto da participação sindical obreira (art. 8°, VI; art. 7°, VI, XIII, XIV e XXVI).
- Assegurou amplamente o direito de greve (art. 9°).

Nesse sentido, foram mantidos o sistema de unicidade sindical (art. 8°, II, CF/1988), o financiamento compulsório de suas entidades sindicais integrantes (art. 8º, IV, CF/1988), o amplo poder normativo da Justiça do Trabalho – concorrencial à negociação coletiva (art. 114, § 2º, CF/1988) –, bem como do mecanismo de cooptação de sindicalistas, conhecido como *representação classista*.

Foi com a Emenda Constitucional (EC) n. 24, de 9 de dezembro de 1999 (Brasil, 1999) que o poder reformador eliminou a representação classista na Justiça do Trabalho. A EC n. 45, de 30 de dezembro de 2004 (Brasil, 2004), por sua vez, contingenciou fortemente o poder normativo judicial trabalhista, mantendo-o apenas para situações excepcionais, como em casos de greve ou de ocorrência de comum acordo (fato raro) entre as partes coletivas para a propositura do dissídio coletivo de natureza econômica, sendo essa a nova redação do parágrafo 2º do art. 114 da CF/1988, vejamos:

> Art. 114. Compete à Justiça do Trabalho processar e julgar:
> [...]
> § 2º Recusando-se qualquer das partes à negociação coletiva ou à arbitragem, é facultado às mesmas, de comum acordo, ajuizar dissídio coletivo de natureza econômica, podendo a Justiça do Trabalho decidir o conflito, respeitadas as disposições mínimas legais de proteção ao trabalho, bem como as convencionadas anteriormente. (Brasil, 1988)

Perguntas & respostas

Com o advento da Constituição de 1988, houve uma transição para a democratização do sistema sindical brasileiro, processo não finalizado. A Constituição Cidadã introduziu mudanças no sistema sindical, que segue sendo alterado com o passar do tempo. Quais mudanças apresentaram a CF/1988, a EC n. 24/1999 e a EC n. 45/2004 nesse sentido?

A CF/1988 afastou a possibilidade jurídica de intervenção e interferências político-administrativas do Estado, via Ministério do Trabalho, no sindicalismo; reforçou o papel dos sindicatos na defesa dos direitos e interesses coletivos ou individuais da categoria; alargou os poderes da negociação coletiva trabalhista; assegurou amplamente o direito de greve.

Foi com a EC n. 24/1999 que o poder reformador eliminou a representação classista na Justiça do Trabalho.

A EC n. 45/2004, por sua vez, contingenciou fortemente o poder normativo judicial trabalhista, mantendo-o apenas para situações excepcionais, como em casos de greve ou de ocorrência de comum acordo (fato raro) entre as partes coletivas para a propositura do dissídio coletivo de natureza econômica.

Dessa maneira, podemos concluir que traços corporativistas foram preservados na concepção do sistema sindical.

3.3.3 Liberdade sindical no Brasil

O Brasil ainda passa por alterações no sistema sindical brasileiro, oriundo das décadas de 1930 e 1940 e preservado no texto constitucional de 1988, tendo em vista o processo de democratização dessa organização.

A propósito, a combinação de regras, princípios e institutos contraditórios da história do sindicalismo (alguns democráticos, outros de origem autoritária-corporativa) tentada pelo Texto Máximo original de 1988 somente fez aprofundar a crise de legitimidade e força do sistema sindical brasileiro. Por isso, parece inevitável o caminho para a reforma do sistema sindical, de modo a adequá-lo à plena liberdade de associação e à plena liberdade sindical (Delgado, 2019). É importante ressaltar que a Reforma Trabalhista trouxe modificações acerca da liberdade sindical, as quais veremos adiante em nosso estudo.

3.4 Registro sindical

Antes das modificações mais recentes da CLT, a criação, o registro e o início do funcionamento sindical eram rigorosamente fiscalizados pelo então Ministério do Trabalho, sendo considerados atos extremamente formais o reconhecimento e a investidura dos sindicatos. Era obrigação estatal gerir com discricionariedade, vigilância e rigor a formação das primitivas associações profissionais até sua passagem ao *status* sindical, com o reconhecimento e a investidura regulados no diploma legal citado (Delgado, 2019). Vamos analisar os referidos dispositivos:

> Art. 515. As associações profissionais deverão satisfazer os seguintes requisitos para serem reconhecidas como sindicatos:
> a) reunião de um terço, no mínimo, de empresas legalmente constituídas, sob a forma individual ou de sociedade, se se tratar de associação de empregadores; ou de um terço dos que integrem a mesma categoria ou exerçam a mesma profissão liberal se se tratar de associação de empregados ou de trabalhadores ou agentes autônomos ou de profissão liberal;
> b) duração de 3 (três) anos para o mandato da diretoria; (Redação dada pelo Decreto-lei nº 771, de 1969)
> c) exercício do cargo de presidente por brasileiro nato, e dos demais cargos de administração e representação por brasileiros.
> Parágrafo único. O ministro do Trabalho, Indústria, e Comércio poderá, excepcionalmente, reconhecer como sindicato a associação cujo número de associados seja inferior ao terço a que se refere a alínea a.
> Art. 516. Não será reconhecido mais de um Sindicato representativo da mesma categoria econômica ou profissional, ou profissão liberal, em uma dada base territorial
> Art. 517. Os sindicatos poderão ser distritais, municipais, intermunicipais, estaduais e interestaduais. Excepcionalmente, e atendendo às peculiaridades de determinadas categorias ou profissões, o ministro do Trabalho, Indústria e Comércio poderá autorizar o reconhecimento de sindicatos nacionais.
> § 1º O ministro do Trabalho, Indústria e Comércio, outorgará e delimitará a base territorial do sindicato.
> § 2º Dentro da base territorial que lhe for determinada é facultado ao sindicato instituir delegacias ou secções para melhor proteção dos associados e da categoria econômica ou profissional ou profissão liberal representada.

Art. 518. O pedido de reconhecimento será dirigido ao ministro do Trabalho, Indústria e Comércio, instruído com exemplar ou cópia autenticada dos estatutos da associação.

§ 1º Os estatutos deverão conter:

a) a denominação e a sede da associação;

b) a categoria econômica ou profissional ou a profissão liberal cuja representação é requerida;

c) a afirmação de que a associação agirá como órgão de colaboração com os poderes públicos e as demais associações no sentido da solidariedade social e da subordinação dos interesses econômicos ou profissionais ao interesse nacional;

d) as atribuições, o processo eleitoral e das votações, os casos de perda de mandato e de substituição dos administradores;

e) o modo de constituição e administração do patrimônio social e o destino que lhe será dado no caso de dissolução;

f) as condições em que se dissolverá associação.

§ 2º O processo de reconhecimento será regulado em instruções baixadas pelo ministro do Trabalho, Indústria e Comércio

Art. 519. A investidura sindical será conferida sempre à associação profissional mais representativa, a juízo do Ministro do Trabalho, constituindo elementos para essa apreciação, entre outros:

a) o número de associados;

b) os serviços sociais fundados e mantidos;

c) o valor do patrimônio.

Art. 520. Reconhecida como sindicato a associação profissional, ser-lhe-á expedida carta de reconhecimento, assinada pelo ministro do Trabalho, Indústria e Comércio, na qual será especificada a representação econômica ou profissional conferida e mencionada a base territorial outorgada.

Parágrafo único. O reconhecimento investe a associação nas prerrogativas do art. 513 e a obriga os deveres do art. 514, cujo inadimplemento a sujeitará às sanções desta lei.

Art. 521. São condições para o funcionamento do Sindicato:

a) proibição de qualquer propaganda de doutrinas incompatíveis com as instituições e os interesses da Nação, bem como de candidaturas a cargos eletivos estranhos ao sindicato. (Redação dada pelo Decreto-lei nº 9.502, de 1946)

b) proibição de exercício de cargo eletivo cumulativamente com o de emprego remunerado pelo sindicato ou por entidade sindical de grau superior;

c) gratuidade do exercício dos cargos eletivos.

d) proibição de quaisquer atividades não compreendidas nas finalidades mencionadas no art. 511, inclusive as de caráter político-partidário; (Incluída pelo Decreto-lei nº 9.502, de 1946)

> e) proibição de cessão gratuita ou remunerada da respectiva sede a entidade de índole político-partidária. (Incluída pelo Decreto-lei nº 9.502, de 1946)
> Parágrafo único. Quando, para o exercício de mandato, tiver o associado de sindicato de empregados, de trabalhadores autônomos ou de profissionais liberais de se afastar do seu trabalho, poderá ser-lhe arbitrada pela assembleia geral uma gratificação nunca excedente da importância de sua remuneração na profissão respectiva. (Brasil, 1943)

Tal processo não mais ocorre dessa maneira, tendo em vista a não recepção constitucional dos dispositivos mencionados da CLT sobre a busca pela autonomia organizacional incorporada pelo art. 8º, inciso I, da CF/1988, que proíbe a interferência e intervenção do Estado nos sindicatos:

> Art. 8º. É livre a associação profissional ou sindical, observado o seguinte:
> I – A lei não poderá exigir autorização do Estado para a fundação de sindicato, ressalvado o registro no órgão competente, vedadas ao Poder Público a interferência e a intervenção na organização sindical; (Brasil, 1988)

Por essa razão, os estatutos sindicais no Brasil devem ser registrados no correspondente Cartório de Registro Civil de Pessoas Jurídicas, como qualquer outra entidade associativa. Contudo, diante de incertezas existentes, o Supremo Tribunal Federal (STF) determinou que os estatutos sindicais, independentemente da inscrição no Cartório de Pessoas Jurídicas, teriam de ser levados a depósito no órgão correspondente do Ministério do Trabalho, para fins essencialmente cadastrais e de verificação da unicidade sindical (STF – Pleno – MI 144-8-SP. DJU I, 28/05/1993, p. 10381[1]; posteriormente, Súmula 677, STF[2]). É evidente que caberia, contra qualquer ato ou omissão do órgão administrativo, medida eficaz perante o Judiciário (Delgado, 2019).

---

[1] Disponível em: <https://redir.stf.jus.br/paginadorpub/paginador.jsp?docTP=AC&docID=81750>. Acesso em: 19 ago. 2021.

[2] Disponível em: <http://www.stf.jus.br/portal/jurisprudencia/menuSumarioSumulas.asp?sumula=2316>. Acesso em: 19 ago. 2021.

3.5 Funções, prerrogativas e receitas sindicais

As funções, as prerrogativas e as receitas sindicais sempre foram matérias reguladas pela CLT, controladora e intervencionista no que se refere à vida e dinâmica operacional dos sindicatos. Dessa maneira, alguns dispositivos encontram-se revogados (*rectius:* não recepcionados) pela CF/1988.

3.5.1 Funções e prerrogativas

Conforme Delgado (2019, p. 1606),

> a principal prerrogativa dos sindicatos é a de representação, no sentido amplo, de suas bases trabalhistas. O sindicato organiza-se para falar e agir em nome de sua categoria; para defender seus interesses no plano da relação de trabalho e, até mesmo, em plano social mais largo. Nessa linha é que a própria Constituição enfatiza a função representativa dos sindicatos (art. 8°, III), pela qual lhes cabe a defesa dos direitos e interesses coletivos ou individuais da categoria, inclusive em questões judiciais ou administrativas.

Ainda de acordo com Delgado (2019), a função representativa dos sindicatos é *latu sensu*, abrangendo diversas dimensões, como demonstramos no Quadro 3.1, a seguir.

Quadro 3.1 – Dimensões da função representativa dos sindicatos

Função privada	O sindicato é posto em diálogo ou confronto com empregadores visando ao interesse e aos direitos coletivos da categoria que representa.
Função representativa	O sindicato busca manter relação com o Estado em busca de solucionar problemas trabalhistas dentro de sua área de atuação.
Função pública	O sindicato busca dialogar com a sociedade, visando suporte para suas ações e teses laborativas.
Função judicial	O sindicato busca defesa dos interesses da categoria e seus filiados.
Função negocial	Em busca de negociação bem-sucedida, os sindicatos buscam dialogar com empregadores e empresas com intuito de realizar os diplomas negociais coletivos, que vão compor regras jurídicas base para os contratos de trabalho das respectivas categorias.[1] Produz regras jurídicas, originando um extenso e importante universo de fontes trabalhistas, ou seja, os diplomas coletivos, conferindo destaque especial ao presente papel dos sindicatos.
Função assistencial	O sindicato realiza prestação de serviços a seus associados ou, de modo extensivo, em alguns casos, a todos os membros da categoria. Trata-se, ilustrativamente, de serviços educacionais, médicos, jurídicos e diversos outros.

Nota: [1] A atuação judicial dos representantes no sentido estrito também é igualmente relevante, pois age em favor dos trabalhadores.

Quando tratamos de atuação judicial, o processo ocorre pelos meios processuais existentes. Esse é o tipo mais importante da atuação direta de membros da categoria sindical, mesmo que não estejam associados, tendo em vista a coletividade, como o que ocorre em dissídios coletivos e casos de substituição processual. A atuação judicial dos representantes no sentido estrito também é igualmente relevante, pois age em favor dos trabalhadores.

Sabemos que alguns desses serviços estão previstos na CLT. Podemos mencionar o dever de manter serviços assistenciais de caráter jurídico, promover a fundação de cooperativas de consumo, fundar e manter escolas de alfabetização e pré-vocacionais, previstos no art. 514 CLT:

> Art. 514. São deveres dos sindicatos
> a) colaborar com os poderes públicos no desenvolvimento da solidariedade social;
> b) manter serviços de assistência judiciária para os associados;
> c) promover a conciliação nos dissídios de trabalho.
> d) sempre que possível, e de acordo com as suas possibilidades, manter no seu quadro de pessoal, em convênio com entidades assistenciais ou por conta própria, um assistente social com as atribuições específicas de promover a cooperação operacional na empresa e a integração profissional na Classe.
> Parágrafo único. Os sindicatos de empregados terão, outrossim, o dever de:
> a) promover a fundação de cooperativas de consumo e de crédito;
> b) fundar e manter escolas da alfabetização e prevocacionais.
> (Brasil, 1943)

Todavia, a respeito do dever e da função de potencial, a CLT não obteve recepção pela CF/1988, o que determinou que as atividades elencadas na citação correspondam a funções e prerrogativas que podem assumidas pelas entidades sindicais, e não a deveres destas. No mesmo sentido, podemos ilustrar a homologação sindical das rescisões contratuais trabalhistas, que eram um dever dos sindicatos na antiga redação da CLT e que, na Reforma Trabalhista (Lei n. 13.467/2017), tiveram eliminada sua obrigatoriedade de homologação administrativa ou sindical de rescisões de contratos de trabalho com prazo superior a um ano. Contudo, a referida obrigatoriedade pode ser zelada por meio da negociação coletiva trabalhista para os sindicatos e as categorias profissionais correspondentes.

Exercícios resolvidos

1. O principal objetivo do sindicato é o bem-estar de seus associados, ou seja, a garantia de condições dignas de segurança e higiene ocupacional e a viabilização, por meio da unidade, de capacidade negocial suficiente para estabelecer uma dinâmica de diálogo social entre empregador e trabalhadores. Tendo esse contexto em vista, assinale a alternativa que correspondente corretamente a uma das funções dos sindicatos:

a. A função negocial dos sindicatos é *latu sensu*, abrangendo diversas dimensões. Engloba a função privada, por meio da qual o sindicato é posto em diálogo ou confronto com empregadores visando ao interesse e aos direitos coletivos da categoria a que representa.
b. A função judicial dos sindicatos reside na busca pela manutenção da relação com o Estado com vistas a solucionar problemas trabalhistas dentro de sua área de atuação.
c. A função assistencial dos sindicatos permite que eles busquem dialogar com a sociedade, visando ao suporte para suas ações e teses laborativas.
d. A função negocial produz regras jurídicas, originando um extenso e importante universo de fontes trabalhistas, ou seja, os diplomas coletivos, conferindo destaque especial ao presente papel dos sindicatos.

Gabarito: d

***Feedback* da atividade:** as alternativas de "a" até "c" se confundem, pois o tipo da função está invertido, tornando-se corretas as assertivas da seguinte forma: (a) "A função representativa dos sindicatos é *latu sensu*, abrangendo diversas dimensões. Engloba a função privada, na qual o sindicato é posto em diálogo ou confronto com empregadores visando ao interesse e aos direitos coletivos da categoria que representa". (b) "A função pública dos sindicatos permite que eles busquem dialogar com a sociedade, visando ao suporte para suas ações e teses laborativas". (c) "Os sindicatos têm função assistencial, que pressupõe a prestação de serviços a seus associados ou, de modo extensivo, em alguns casos, a todos os membros da categoria. Trata-se, ilustrativamente, de serviços educacionais, médicos, jurídicos e diversos outros, segundo art. 514 da CLT".

3.5.2 Receitas sindicais

As receitas sindicais correspondem às contribuições realizadas pelos trabalhadores para as respectivas entidades sindicais. A ordem trabalhista retrata quatro tipos dessas contribuições, como podemos verificar nas seções a seguir.

Contribuição sindical obrigatória

A contribuição sindical obrigatória está prevista na ordem jurídica desde a implantação do sistema sindical corporativista, inicialmente denominada *imposto sindical*. Com a Reforma Trabalhista de 2017, essa contribuição sofreu alterações, perdendo sua obrigatoriedade. Anteriormente ao referido evento, a contribuição era recolhida uma vez ao ano em prol do sistema sindical, de acordo com o que determinasse a CLT, independentemente de se tratar de empregado, profissional liberal ou empregador.
Podemos constatar graças a Delgado (2019, p. 1609) que:

> Com a Lei n. 13.467, vigorante desde 11.11.2017, a contribuição sindical obrigatória foi convolada em contribuição sindical voluntária, passível de desconto apenas mediante expressa e prévia autorização dos participantes das categoriais econômicas e profissionais, importante frisar que as mudanças trouxeram novas redações conferidas aos artigos. 545, caput, 578, 579, 582, caput, 583, caput, 587 e 602, caput, CLT; além disso, foram revogados os artigos. 601 e 604 da CLT.

Contribuição confederativa

A contribuição confederativa passou a existir a partir da CF/1988, que, em seu art. 8º, inciso IV, determina:

> Art. 8º. É livre a associação profissional ou sindical, observado o seguinte:
> [...]

IV – A assembleia geral fixará a contribuição que, em se tratando de categoria profissional, será descontada em folha, para custeio do sistema confederativo da representação sindical respectiva, independentemente da contribuição prevista em lei. (Brasil, 1988)

É notável que essa contribuição contradiz o texto da Lei maior, de acordo com o ângulo democrático. Dessa feita, a jurisprudência dos tribunais superiores é a de que a contribuição confederativa somente é devida pelos trabalhadores sindicalizados, não sendo válida sua cobrança aos demais obreiros (Precedente Normativo n. 119, SDC/TST[3]; Súmula n. 666, STF[4]) (Delgado, 2019).

Contribuição assistencial

A contribuição assistencial diz respeito ao recolhimento aprovado em convenção ou acordo coletivo, sendo descontado em folha de pagamento em parcela única ou subdividido em várias parcelas no decorrer do ano. Também pode receber outras denominações, como *contribuição de fortalecimento sindical* e *cota de solidariedade*. Essa contribuição está prevista na CLT, em seu art. 513, alínea "e". Apesar de o diploma legal acordar que a imposição de contribuição para aqueles que sejam participantes das respectivas categorias seja uma prerrogativa sindical, sabemos que o recolhimento deve ser aprovado na respectiva assembleia geral de trabalhadores.

Contribuições de mensalidades de associados

As contribuições das mensalidades dos associados sindicais são correspondentes às parcelas mensais efetuadas pelos trabalhadores

---

3 Disponível em: <https://www3.tst.jus.br/jurisprudencia/PN_com_indice/PN_completo.html#Tema_PN119>. Acesso em: 29 jun. 2021.
4 Disponível em: <http://www.stf.jus.br/portal/jurisprudencia/menuSumarioSumulas.asp?sumula=1642>. Acesso em: 29 jun. 2021.

afiliados aos sindicatos. Podemos afirmar, ainda, que correspondem a contribuições voluntárias, comuns a qualquer tipo de associação.

Exercícios resolvidos

1. As receitas sindicais correspondem às contribuições realizadas pelos trabalhadores para as respectivas entidades sindicais. São quatro tipos: contribuição sindical obrigatória; que, de acordo com o art. 514 da CLT e com o advento da Reforma Trabalhista, passou a ser facultativa, a contribuição confederativa; a contribuição assistencial; e a contribuição das mensalidades dos associados dos sindicatos. No que diz respeito à contribuição sindical assistencial, assinale a alternativa correta:
   a. A contribuição assistencial corresponde à contribuição que é descontada em folha de pagamento, independentemente da anuência do trabalhador.
   b. A contribuição assistencial não decorre de acordo ou convenção coletiva, sendo de livre escolha do trabalhador.
   c. A contribuição assistencial é descontada apenas uma única vez ao ano, sendo vedadas pela CLT outras formas de desconto.
   d. A contribuição assistencial também pode ser chamada de *cota de solidariedade*.

Gabarito: d

***Feedback* da atividade:** a alternativa "a", "b" e "c" não estão corretas, pois a contribuição assistencial se refere ao recolhimento aprovado em convenção ou acordo coletivo, sendo descontado em folha de pagamento em parcela única ou subdividido em várias parcelas no decorrer do ano.

3.6 Proteções à atuação sindical e garantias sindicais

Para que se tornem efetivos sujeitos do direito coletivo do trabalho, as entidades sindicais valem-se das prerrogativas dos princípios de liberdade associativa e autonomia sindical para sua criação, sua estruturação e seu desenvolvimento. Aprendemos com Delgado (2019) que os princípios têm força de comandos jurídicos instigadores, e não de meros receituários idealísticos e programáticos. Dessa maneira, são os dois princípios anteriormente citados que determinam que o ordenamento conceda consistência ao conteúdo e ao objetivo neles determinados. Podemos afirmar que é assim que a ordem jurídica estabelece garantias mínimas à estruturação, ao desenvolvimento e à atuação dos sindicatos, caso contrário estes podem não cumprir seu papel, tão importante aos trabalhadores e para o direito coletivo.

Há algumas garantias que se encontram normatizadas no Brasil. Vamos conhecê-las?

3.6.1 Garantia provisória de emprego

A principal garantia de que dispõem os empregados sindicalizados é a vedação de dispensa a partir do registro da candidatura a cargo de direção ou representação sindical e, se eleito, ainda que suplente, até um ano após o final do mandato, salvo se cometer falta grave nos termos da lei (art. 8º, VIII, CF/1988). Também chamamos essa garantia de *estabilidade sindical*.

Inicialmente, tal garantia era destinada apenas a empregados sindicalizados com registro a cargos eletivos, titulares ou suplentes, de direção ou representação sindical, não beneficiando aqueles empregados que participassem da administração sindical, ou seja, que não tivessem sido eleitos pela categoria que representam. Assim, a falha na eleição comprometia a referida garantia constitucional. Para as situações em que houver dirigente sindical de categoria diferenciada, essa proteção se restringe às hipóteses em que o dirigente esteja exercendo atividade relacionada à sua específica categoria no emprego. Em outras palavras, se estivermos tratando de dirigente sindical da categoria de motoristas, este deveria exercer a função de motorista (categoria diferenciada) em sua empresa.

O empregador só pode demitir o empregado com estabilidade provisória em casos pontuais, como em caso de falta grave do obreiro (resolução contratual), apurada em ação judicial de inquérito (Delgado, 2019).

Todavia, a jurisprudência tem definido algumas regras a respeito dessa dinâmica: incialmente, não tem considerado subsistente a proteção caso o registro da candidatura tenha ocorrido após a dação do aviso-prévio pelo empregador. A mesma jurisprudência, que há décadas determina que o aviso-prévio faz parte do contrato de trabalho para todos os efeitos, estabelece essa restrição. Vejamos o que ensina Delgado (2019, p. 1613) a esse respeito:

> Nesta restrição, deixou, porém, de atentar para o crucial fato de que, muito antes do registro da candidatura, ocorrem diversas reuniões para a formação das chapas sindicais, divulgando-se, obviamente, o processo e nomes de seus participantes; em consequência, verificam-se, muitas vezes, dispensas obstativas da ação sindical, que ficam injustamente respaldadas pela interpretação restritiva ora exposta. À medida que práticas antissindicais são vedadas pelos princípios constitucionais da liberdade de associação e autonomia sindicais, sendo também proibidos pelas Convenções da OIT de ns. 98 e 135 – e vedados até mesmo pelo originalmente autoritário Título V da CLT (art. 543, § 6º, por exemplo) –, não se justifica a apontada restrição estabilitária.
> A jurisprudência considerava imprescindível à estabilidade sindical o respeito à formalidade prescrita pelo art. 543, § 5º, CLT: comunicação, pelo sindicato, ao empregador, em 24 horas, dos respectivos registros de chapas, assim como eleição e posse sindicais. Ora, tal comunicação, desde a Constituição de 1988, tem mero caráter obrigacional, podendo sua falta gerar responsabilidade entre pessoas jurídicas (do sindicato em favor da empresa empregadora); porém não tem aptidão para restringir firmes direito e garantia estabelecidos pela CF/1988.

A jurisprudência aperfeiçoou a redação do item I da Súmula n. 369 do TST[5], em que a instituição passou a considerar que estaria atendida a formalidade legal desde que a ciência conferida ao empregador do sindicalista candidato ocorra, por qualquer meio, durante a vigência do contrato de trabalho. Além disso, a jurisprudência considera que a extinção de empresa ou do estabelecimento na base territorial do sindicato torna insubsistente a estabilidade provisória em análise.

Importante ressaltar que o número de dirigentes sindicais beneficiados pela estabilidade provisória é fixado pela CLT, em *quantum* máximo de sete diretores à entidade sindical, além do conselho fiscal, com três membros:

> Art. 522. A administração do sindicato será exercida por uma diretoria constituída no máximo de sete e no mínimo de três membros e de um Conselho Fiscal composto de três membros, eleitos esses órgãos pela Assembleia Geral.
> § 1º A diretoria elegerá, dentre os seus membros, o presidente do sindicato. (Brasil, 1943)

Perguntas & respostas

Se somarmos os suplentes aos titulares, essa limitação legal em um país como o Brasil, que se caracteriza por diferenciações regionais, sociais, empresariais e profissionais tão significativas, pode reproduzir uma indevida restrição aos princípios de liberdade associativa e autonomia dos sindicatos?

Conforme já expusemos anteriormente, sim. Essa restrição da lei, oposta à referida garantia constitucional, pode inviabilizar a firme, ágil e eficaz atuação de certos sindicatos, em especial quando há representativos de categorias numericamente densas ou que se localizem em extensa base territorial. Portanto, é inadequado o texto da lei ao comando da Constituição, que deveria prevalecer o número fixado nos estatutos sindicais, exceto se houver exercício abusivo do direito na fixação desse número.

Importante ressaltar a jurisprudência dominante a esse respeito: a imunidade sindical atinge somente sete dirigentes sindicais titulares eleitos e seus sete suplentes (Súmula n. 369, II, TST) e não favorece, ainda, os membros do conselho fiscal (Orientação Jurisprudencial n. 365, SDI-I/TST[6]) (Delgado, 2019).

3.6.2 Inamovibilidade do dirigente sindical

A inamovibilidade do dirigente sindical decorre da estabilidade do trabalhador sindicalista, ou seja, da proibição de sua remoção para funções incompatíveis com a atuação sindical ou para fora da base territorial do respectivo sindicato. Essa proibição acontece tendo em vista que tais mudanças poderiam inviabilizar ou restringir o exercício das funções sindicais específicas, garantia essa que tem respaldo legal no texto da CLT, vejamos:

> Art. 543. O empregado eleito para cargo de administração sindical ou representação profissional, inclusive junto a órgão de deliberação coletiva, não poderá ser impedido do exercício de suas funções, nem transferido para lugar ou mister que lhe dificulte ou torne impossível o desempenho das suas atribuições sindicais.
> § 1º O empregado perderá o mandato se a transferência for por ele solicitada ou voluntariamente aceita. (Brasil, 1943)

Trata-se de inferência estritamente lógica: mesmo contando com amplas garantias da ordem jurídica, o trabalhador acolhe a modificação contratual incompatível (ou, até mesmo, a solicita); seu gesto ou sua omissão traduzem ato tácito de renúncia ao exercício de suas funções sindicais (Delgado, 2019).

---

6 Disponível em: <https://www.legjur.com/sumula/busca?tri=tst-sdi-i&num=365>. Acesso em: 30 jun. 2021.

3.6.3 Garantias oriundas de normas da OIT

Há inúmeras garantias relevantes para os trabalhadores sindicalizados e que estão previstas expressamente no texto constitucional ou em textos normativos que foram e estão sendo construídos ao longo do tempo, como os textos criados pela OIT (Convenções n. 11, 87, 98, 135, 141 e 151).

A Convenção n. 98, de 8 de junho de 1949, da OIT, que trata do direito de sindicalização e de negociação coletiva, vigente no Brasil há cerca de 50 anos, estipula critérios para tais garantias sindicais, conforme já foi exposto anteriormente. Vejamos em detalhes:

> Art. 2-1. As organizações de trabalhadores e de empregadores deverão gozar de proteção adequada contra quaisquer atos de ingerência de umas e outras, quer diretamente quer por meio de seus agentes ou membros, em sua formação, funcionamento e administração.
> 2. Serão particularmente identificados a atos de ingerência, nos termos do presente artigo, medidas destinadas a provocar a criação de organizações de trabalhadores dominadas por um empregador ou uma organização de empregadores, ou a manter organizações de trabalhadores por outros meios financeiros, com o fim de colocar essas organizações sob o controle de um empregador ou de uma organização de empregadores. (OIT, 1949)

O texto citado reprime restrições empresariais a obreiros em face da participação ou não em sindicatos ou atividades sindicais.

Por sua vez, a Convenção n. 135, de 2 de junho de 1971 (vigente no Brasil desde 18 de março de 1991), que trata da proteção de representantes de trabalhadores, estipula a seguinte garantia:

> Art. 1º Os representantes dos trabalhadores na empresa devem ser beneficiados com uma proteção eficiente contra quaisquer medidas que poderiam vir a prejudicá-los, inclusive o licenciamento (na verdade, despedida, isto é, "*licenciement*"), e que seriam motivadas por sua qualidade ou suas atividades como representantes dos trabalhadores sua filiação sindical, ou participação em atividades sindicais, conquanto ajam de acordo com as leis, convenções coletivas ou outros arranjos convencionais vigorando. (OIT, 1971)

Ensina Delgado (2019) que o princípio da liberdade associativa e sindical determina coerentemente o implemento de regras jurídicas assecuratórias da plena existência e da potencialidade do ser coletivo obreiro. Registramos, a propósito, que não há qualquer antinomia entre a fixação de plena liberdade e autonomia do sindicalismo e o implemento de garantias legais assecuratórias da mais ampla e transparente representatividade sindical e do mais eficaz dinamismo reivindicativo das entidades sindicais obreiras. Ao implementar essas garantias normativas, tem-se a correspondência com a observância do efetivo comando jurídico contido no princípio especial do direito coletivo do trabalho.

Exercícios resolvidos

1. Para que se tornem efetivos sujeitos do direito coletivo do trabalho, as entidades sindicais se valem dos princípios de liberdade associativa e autonomia sindical para sua criação, estruturação e desenvolvimento. É uma das formas de organização mais comuns da classe trabalhadora. Esses princípios desempenharam um papel muito importante no movimento operário que surgiu no século XIX, a tal ponto que o direito de organização foi consagrado mais tarde pela OIT e pela ONU. A respeito das garantias sindicais, assinale a alternativa **incorreta**:
    a. A principal garantia de que os empregados sindicalizados dispõem refere-se à vedação de dispensa a partir do registro da candidatura a cargo de direção ou representação sindical.
    b. A garantia de que dispõem os empregados sindicalizados sobre a vedação de dispensa efetiva-se quando do registro da candidatura e até um ano após o final do mandato.
    c. A garantia provisória de emprego também pode ser chamada de *garantia de estabilidade sindical*.
    d. A Convenção n. 135 da OIT, que trata do direito de sindicalização e de negociação coletiva, vigente no Brasil há cerca de 50 anos, estipula critérios para tais garantias sindicais.

Gabarito: d

***Feedback* do exercício:** a alternativa "d" está incorreta, pois é a Convenção n. 98 da OIT que trata do direito de sindicalização e de negociação coletiva, vigente no Brasil há cerca de 50 anos, estipulando critérios para tais garantias sindicais. A Convenção n. 135 (vigente no Brasil desde 18 de março de 1991), por sua vez, trata da proteção de representantes de trabalhadores.

Síntese

- A organização e a estrutura sindical brasileira atual decorre da soma dos debates e das lutas que nos proporcionam as modificações apresentadas pela CF/1988 e da CLT e suas reformas. Há inúmeros aspectos que, trazidos à tona, acarretam os mesmos debates e lutas, tendo em vista a não recepção de alguns tópicos da CLT por parte da Lei Maior.
- De acordo com o art. 8º, inciso VIII, da CF/1988, a organização sindical corresponde atualmente à estrutura externa, que pode ser representada por uma pirâmide, composta na base pelo sindicato, no meio pela federação e no topo pela confederação. A estrutura interna do sistema sindical deve ser composta por diretoria, comportando no máximo sete e, no mínimo, três membros, bem como deve dispor de um conselho fiscal, composto por três membros. Esses órgãos devem ser eleitos em assembleia geral, e os delegados sindicais precisam ser designados pela diretoria.
- A unicidade corresponde à previsão normativa obrigatória de existência de um único sindicato representativo dos correspondentes obreiros, seja por empresa, seja por profissão, seja por categoria profissional. Trata-se de uma definição do tipo sindical do qual a organização fará parte na sociedade, vedando-se

- a existência de entidades sindicais concorrentes ou de outros tipos sindicais.
- Antigamente, a criação, o registro e o início do funcionamento sindical eram rigorosamente fiscalizados pelo então Ministério do Trabalho. Nesse contexto, o reconhecimento e a investidura dos sindicatos eram considerados atos extremamente formais. Era obrigação estatal gerir esses processos com discricionariedade, vigilância e rigor, desde a formação das primitivas associações profissionais até sua passagem ao *status* sindical, com o reconhecimento e a investidura regulados na CLT. Atualmente, os procedimentos não ocorrem dessa maneira, tendo em vista a não recepção constitucional dos dispositivos mencionados do diploma – principalmente no que diz respeito à autonomia organizacional incorporada pelo art. 8º, inciso I, da Constituição, que proíbe a interferência e a intervenção do Estado nos sindicatos. Dessa maneira, os estatutos sindicais no Brasil devem ser registrados no correspondente Cartório de Registro Civil de Pessoas Jurídicas, como qualquer outra entidade associativa.
- Ainda de acordo com o art. 8º, inciso VIII, da CF/1988, a principal função dos sindicatos é a de representação, no sentido amplo, de suas bases trabalhistas. O sindicato organiza-se para falar e agir em nome de sua categoria e para defender seus interesses no plano da relação de trabalho e, até mesmo, em plano social mais amplo. Nessa linha é que a própria Lei Maior enfatiza a função representativa dos sindicatos, pela qual lhes cabe a defesa dos direitos e interesses coletivos ou individuais da categoria, inclusive em questões judiciais ou administrativas. Os sindicatos têm também as funções pública, negocial, judicial e assistencial.
- As receitas sindicais correspondem às contribuições realizadas pelos trabalhadores para as respectivas entidades sindicais. A ordem trabalhista indica quatro tipos dessas contribuições: a contribuição sindical obrigatória, que, com o advento da Reforma Trabalhista, passou a ser facultativa; a contribuição

confederativa; a contribuição assistencial; e a contribuição das mensalidades dos associados dos sindicatos.
- Para que se tornem efetivos sujeitos do direito coletivo do trabalho, as entidades sindicais encontram prerrogativas nos princípios da liberdade associativa e da autonomia sindical para sua criação, sua estruturação e seu desenvolvimento. Há algumas garantias que se encontram normatizadas no Brasil: garantia provisória de emprego; inamovibilidade do dirigente sindical; e garantias oriundas de normas da OIT.
- A garantia provisória de emprego corresponde à principal garantia de que dispõem os empregados sindicalizados, sendo condicionada pela vedação de dispensa a partir do registro da candidatura a cargo de direção ou representação sindical e, se eleito, ainda que suplente, até um ano após o final do mandato, salvo se cometer falta grave nos termos da lei (art. 8°, VIII, CF/1988). Também chamamos essa garantia de *estabilidade sindical*.
- A inamovibilidade do dirigente sindical decorre da estabilidade do trabalhador sindicalista, ou seja, da proibição de sua remoção para funções incompatíveis com a atuação sindical ou para fora da base territorial do respectivo sindicato (art. 8°, VIII, CF/1988).
- Há inúmeras garantias relevantes para os trabalhadores sindicalizados que estão previstas expressamente no texto constitucional ou em textos normativos que foram e estão sendo construídos ao longo do tempo, como a do direito de sindicalização e de negociação coletiva (art. 8°, VIII, CF/1988).

ESTUDO DE CASO

Texto introdutório

O presente caso aborda a situação de um funcionário que está com um problema relacionado à demissão logo após a volta ao trabalho e depois de um mandato eleitoral. Esse funcionário foi demitido sem justa causa.

Texto do caso

Rodrigo, 40 anos, é funcionário de uma empresa em sua cidade. Após extensa insistência de seus colegas de classe, ele resolveu candidatar-se a cargo de direção no sindicato correspondente à sua categoria profissional. Finalizada a campanha, o trabalhador citado foi eleito e assumiu o cargo a que se candidatara. Funcionário exemplar, não constava em sua ficha de empregado nenhuma reclamação, advertência ou qualquer situação que desagradasse seu empregador – era o funcionário perfeito. Terminado o mandato eleitoral, Rodrigo decidiu que não se candidataria novamente a cargo no sindicato e que se dedicaria apenas ao labor.

No primeiro mês de retorno às atividades, sem estar vinculado ao sindicado, Rodrigo foi demitido sem justa causa por seu empregador, que estava aborrecido com suas lutas como representante do sindicato da categoria.

Tendo essa situação em vista, reflita sobre as atitudes de Rodrigo, do empregador e indique o erro cometido, qual das partes errou no caso exposto e a maneira correta de agir nessa hipótese.

Resolução

O empregado Rodrigo, que era funcionário exemplar na empresa em que trabalhava, sofreu perseguição de seu empregador após ter representado os direitos da classe no sindicato correspondente. O Brasil dispõe de garantias normatizadas que preservam o empregado contra esse tipo de situação. A principal garantia de que dispõem os empregados sindicalizados é a vedação de dispensa a partir do registro da candidatura a cargo de direção ou representação sindical e, se eleito, ainda que suplente, até um ano após o final do mandato, salvo se cometer falta grave nos termos da lei (art. 8º, VIII, CF/1988). Também chamamos essa garantia de *estabilidade sindical*. O empregador só pode demitir o empregado com estabilidade provisória em casos pontuais, no caso de falta grave do obreiro (resolução contratual), apurada em ação judicial de inquérito.

Dica 1

A garantia provisória de emprego do dirigente sindical e do respectivo suplente é sustentada nos arts. 8º, inciso VIII, da CF/1988 e 543, parágrafo 3º, da CLT. Sobre o assunto, acesse a indicação de leitura a seguir:

ESTABILIDADE de dirigentes sindicais se estende a sete suplentes. **JusBrasil**, 2009. Disponível em: <https://tst.jusbrasil.com.br/noticias/2001607/estabilidade-de-dirigentes-sindicais-se-estende-a-sete-suplentes>. Acesso em: 16 ago. 2021.

Dica 2

Como este estudo de caso trata de uma garantia prevista na CF/1988 e na CLT, indicamos leitura das seguintes normas:

BRASIL. Constituição (1988). **Diário Oficial da União**, Brasília, DF, 5 out. 1988. Disponível em: <http://www.planalto.gov.br/ccivil_03/Constituicao/ConstituicaoCompilado.htm>. Acesso em: 16 ago. 2021.

BRASIL. Lei n. 13.467, de 13 de julho de 2017. **Diário oficial da** União, Poder Legislativo, Brasília, DF, 14 jul. 2017. Disponível em: <http://www.planalto.gov.br/ccivil_03/_Ato2015-2018/2017/Lei/L13467.htm>. Acesso em: 16 ago. 2021.

Dica 3

A garantia provisória no emprego, conhecida também como *estabilidade provisória*, já era prevista na CLT. Sobre esse assunto, indicamos a leitura do seguinte artigo:

LEITE, L. H. A. Todos os dirigentes de um sindicato possuem estabilidade provisória? **JusBrasil**, set. 2018. Disponível em: <https://jus.com.br/artigos/68762/todos-os-dirigentes-de-um-sindicato-possuem-estabilidade-provisoria>. Acesso em: 16 ago. 2021

**ORGANIZAÇÃO
DOS EMPREGADOS
NAS EMPRESAS**

4

INTRODUÇÃO DO CAPÍTULO:

Neste capítulo, trataremos dos modos como os empregados se organizam nas empresas, apresentando os conceitos de empregador e empregado, contextualizados na iniciativa privada e no servidorismo público, bem como sua subordinação à Consolidação das Leis do Trabalho (CLT). Para que esse objetivo se concretize, seguiremos algumas diretrizes neste capítulo:

- Analisar as comissões de conciliação prévia – autorizadas pela Lei n. 9.958, de 12 de janeiro de 2000 –, criadas com o objetivo de facilitar acordos entre as partes de um conflito trabalhista. Os membros dessa câmara são representantes de empregadores e empregados, cuja função é propor soluções para disputa – fato que só é possível se os envolvidos abandonarem parte de suas exigências.
- Examinar as funções e a importância da negociação coletiva trabalhista, método fundamental na solução de conflitos da sociedade, especialmente para resolver os conflitos de natureza coletiva. Abordaremos suas etapas, seus principais princípios e seus limites, evidenciando a eficácia da negociação coletiva trabalhista e suas potencialidades no mundo jurídico e, em paralelo, discutiremos as restrições previstas na ordem justrabalhista, inclusive, no âmbito constitucional.

CONTEÚDOS DO CAPÍTULO:

- Organização dos empregados nas empresas.
- Comissões de conciliação prévia.
- Funções e importância da negociação coletiva trabalhista.
- Etapas e princípios da negociação coletiva.
- Limites da negociação coletiva.

APÓS O ESTUDO DESTE CAPÍTULO, VOCÊ SERÁ CAPAZ DE:

1. discorrer sobre organização dos empregados nas empresas;
2. identificar comissões de conciliação prévia;
3. descrever as funções e indicar a importância da negociação coletiva trabalhista;
4. tipificar as etapas e os princípios da negociação coletiva;
5. avaliar os limites da negociação coletiva.

4.1 Organização dos empregados nas empresas

O empregador é toda pessoa natural que contrate expressamente os serviços de outro, devendo tais serviços ser efetuados com pessoalidade, onerosidade, não eventualidade e subordinação.
Martinez (2020) aborda a definição de *empregado* afirmando que se trata de sujeito prestador de trabalho – aquele que pessoalmente, sem auxílio de terceiros, depende, em caráter não eventual e sob direção alheia, de sua energia laboral em troca de salário.
A legislação elenca algumas características essenciais para que o trabalhador possa ser considerado empregado, requisitos contidos no art. 3º da CLT:

> Art. 3º Considera-se empregado toda pessoa física que prestar serviços de natureza não eventual a empregador, sob a dependência deste e mediante salário.
> Parágrafo único. Não haverá distinções relativas à espécie de emprego e à condição de trabalhador, nem entre o trabalho intelectual, técnico e manual. (Brasil, 1943)

O empregado pode atuar na esfera pública ou privada. No primeiro caso, atuará como servidor público, que pode ser efetivo ou temporário – trata-se do empregado público ou o chamado *empregado contratado para serviços sociais autônomos*. No segundo caso, há os denominados *empregados privados*, que exercem suas funções nos ambientes urbanos, rurais, domésticos, entre outros.
No que tange ao trabalho desempenhado pelo empregado em empresas, há, por vezes, uma divisão de trabalho, que pode ser compreendida em:

- setores;
- funções ou etapas de produção, modo de flexibilizar o trabalho e tornar o empregado um *expert* em determinada função.

A divisão existente no trabalho corresponde à especialização de tarefas com funções específicas, de modo a dinamizar e otimizar a produção. Esse processo confere eficiência e rapidez ao sistema produtivo, tendo em vista que é por meio da tarefa repetitiva que o trabalhador adquire maior familiaridade com a tarefa designada a ele e agilidade na execução de seus movimentos.

Essa divisão de trabalho favorece tanto a sociedade quanto o trabalhador, pois, ao se especializar em determinada área de trabalho, o trabalhador elabora o produto ou realiza o serviço com excelência cada vez maior, conferindo, consequentemente, mais qualidade aos resultados de seu trabalho.

A CLT estabelece regras concebidas para proteger o funcionário. No entanto, ela nem sempre abrange todas as necessidades do mercado de trabalho brasileiro. Por isso existem as convenções coletivas de trabalho ou os acordos coletivos de trabalho, ambos previstos no diploma legal citado.

Importante

Apesar de ser um processo organizacional que gera aumento da produtividade, a divisão por funções traz desvantagens ao trabalhador, como a possibilidade de impedir o trabalhador de conhecer outras etapas de produção, tornando-o excessivamente focado na função que exerce. Muitas empresas optam pela dinamização das funções para evitar esse problema, contratando funcionários dotados de capacidades distintas, favorecendo a flexibilização funcional.

Contudo, a empresa, por vezes, não respeita os limites do trabalhador. Para cortar gastos sem perder a produtividade, em vez de flexibilizar o processo organizacional e diminuir as limitações e a sobrecarga do trabalhador, a empresa opta por aumentar as cargas de trabalho do empregado; é daí que vem a importância da lei, bem como dos sindicatos de proteção ao trabalhador, dos órgãos fiscalizadores e de todos que, em conjunto, concedem proteção devida aos profissionais.

É em decorrência da subordinação hierárquica e jurídica, bem como da dependência econômica, que se cria o vínculo do trabalhador com o empregador ou, no nosso caso, com a empresa. É nesse cenário que a organização sindical está fundada, com o objetivo de equilibrar a balança existente nas relações de emprego, dentro dos parâmetros da lei e com amparo no direito à liberdade sindical. O direito sindical é dotado de uma convenção e possibilita aos funcionários a voz para exigirem seus direitos em negociações patronais. Entretanto, muitos trabalhadores desconhecem seus direitos; muitos sequer sabem o que é a convenção coletiva ou o acordo coletivo de trabalho, tampouco têm consciência dos direitos e benefícios que esses institutos proporcionam.

Inserido nos princípios aplicáveis às relações de trabalho, há um mandamento básico com enfoque no princípio da liberdade sindical: o princípio que possibilita aos sindicatos obter a liberdade e as diretrizes para atuação na tutela do trabalhador.

Exercício resolvido

1. O empregador é toda pessoa natural que contrata expressamente os serviços de outro, devendo tais serviços ser efetuados com pessoalidade, onerosidade, não eventualidade e subordinação. Empregado, por sua vez, é o sujeito prestador de trabalho, aquele que pessoalmente, sem auxílio de terceiros, depende, em caráter não eventual e sob direção alheia, de sua energia laboral em troca de salário. O empregado pode atuar na esfera pública ou privada. Nos setores públicos, trabalha como servidor público, que pode ser efetivo ou temporário – trata-se do empregado público ou do chamado *empregado contratado para serviços sociais autônomos*. Também há empregados na iniciativa privada, os denominados *empregados privados*, que exercem suas funções nos ambientes urbanos, rurais, domésticos, entre outros. No que diz respeito a esse contexto, avalie as assertivas a seguir e indique a alternativa **incorreta**:

a. No que tange ao trabalho desempenhado pelo empregado em empresas, há, por vezes, uma divisão de trabalho, que pode ser compreendida em: setores; e funções ou divisão por etapas de produção, sendo esta última um modo de flexibilizar o trabalho e tornar o empregado um *expert* em determinado papel que venha a ser desempenhado por ele.
b. A divisão existente no trabalho corresponde à especialização de tarefas em funções específicas, com a finalidade de dinamizar e otimizar a produção. Esse processo confere eficiência e rapidez ao sistema produtivo, tendo em vista que é por meio da tarefa repetitiva que o trabalhador adquirirá maior familiaridade com a tarefa designada a ele e agilidade na execução de seus movimentos.
c. A CLT estabelece regras que têm o objetivo de proteger o funcionário. Contudo, ela nem sempre abrange todas as necessidades do mercado de trabalho brasileiro. Por isso existem as convenções coletivas de trabalho e os acordos coletivos de trabalho, ambos previstos no diploma legal citado.
d. A divisão de trabalhos por setores e a especialização do trabalhador unicamente em uma função não traz desvantagens para o trabalhador, que agrega conhecimento e se especializa em uma única etapa de produção, tornando-se muito focado na função que exerce.

Gabarito: d

Feedback **da atividade em geral**: a alternativa "d" está incorreta, pois a divisão de trabalhos por setores e a especialização do trabalhador unicamente em um função traz desvantagens para o trabalhador, pois o limita excessivamente à função que exerce.

Nesse contexto, podemos afirmar que um sindicato pode

> ter a representação legal, mas não a real e efetiva. Nesse caso, é possível dizer que falta representatividade ao sindicato, embora portador dos poderes legais de atuar em nome dos representados. Esse problema é mais visível nos sistemas de unicidade sindical. Os sistemas e unidade espontânea ou de pluralidade oferecem maiores possibilidades de aproximação entre representação e representatividade. (Romar, 2018, p. 923)

O sindicato é o representante por excelência de trabalhadores e de empregadores, que, em nosso país, organizam-se em categorias. A representação abrange todos os integrantes da categoria, independentemente de serem filiados ou não à agremiação. Contudo, para representar judicialmente, o empregado de determinada categoria necessita estar filiado. A despeito da situação, as relações trabalhistas e sindicais podem encaminhar-se de maneira a evitar paralisações e reduzir os conflitos existentes, com base firme, de modo que gerem melhor clima organizacional. Isso posto, os profissionais envolvidos no processo necessitam de atualização quanto à legislação, assim como quanto às técnicas de negociação.

Importante

Após o advento da Reforma Trabalhista, muitos líderes buscam capacitação para realizar negociações de sucesso, mantendo um bom relacionamento com os dirigentes sindicais ou com os representantes sindicais das empresas, obtendo êxito no atendimento das reivindicações, de modo que sejam resolvidas de acordo com as possibilidades da empresa, ao mesmo tempo que os colaboradores devem ser conscientizados de seu importante papel para o desenvolvimento empresarial.

Sabemos que é dever dos participantes da negociação considerar todas as ferramentas possíveis para a gestão de pessoas e de procedimentos para que as relações trabalhistas e sindicais não apresentem problemas, evitando o estabelecimento de competências, criando formas de comunicação mais eficientes entre os dirigentes sindicais e os representantes empresariais e líderes de equipe. As centrais sindicais têm essa atribuição.

Delgado (2008), que vê a Lei n. 11.648, de 31 de março de 2008 como um avanço na transição democrática do modelo sindical brasileiro, entende que as centrais sindicais

> não compõem o modelo corporativista. De certo modo, representam até seu contraponto, a tentativa de sua superação. Porém, constituem, do ponto de vista social, político e ideológico, entidades líderes do movimento sindical, que atuam e influem em toda a pirâmide regulada pela ordem jurídica. (Delgado, 2008, p. 916)

Segundo a Lei n. 11.648/2008, considera-se *central sindical* a entidade associativa de direito privado composta por organizações sindicais de trabalhadores:

> Art. 1º A central sindical, entidade de representação geral dos trabalhadores, constituída em âmbito nacional, terá as seguintes atribuições e prerrogativas:
> I – Coordenar a representação dos trabalhadores por meio das organizações sindicais a ela filiadas; e
> II – Participar de negociações em fóruns, colegiados de órgãos públicos e demais espaços de diálogo social que possuam composição tripartite, nos quais estejam em discussão assuntos de interesse geral dos trabalhadores.
> Parágrafo único. Considera-se central sindical, para os efeitos do disposto nesta Lei, a entidade associativa de direito privado composta por organizações sindicais de trabalhadores.
> Art. 2º Para o exercício das atribuições e prerrogativas a que se refere o inciso II do caput do art. 1o desta Lei, a central sindical deverá cumprir os seguintes requisitos:
> I – Filiação de, no mínimo, 100 (cem) sindicatos distribuídos nas 5 (cinco) regiões do País;
> II – Filiação em pelo menos 3 (três) regiões do País de, no mínimo, 20 (vinte) sindicatos em cada uma;

> III – Filiação de sindicatos em, no mínimo, 5 (cinco) setores de atividade econômica; e
> IV – Filiação de sindicatos que representem, no mínimo, 7% (sete por cento) do total de empregados sindicalizados em âmbito nacional.
> Parágrafo único. O índice previsto no inciso IV do caput deste artigo será de 5% (cinco por cento) do total de empregados sindicalizados em âmbito nacional no período de 24 (vinte e quatro) meses a contar da publicação desta Lei. (Brasil, 2008)

A Lei n. 11.648/2008 alterou a redação dos arts. 589, 590, 591 e 593 da CLT, passando a prever as centrais sindicais entre os beneficiários das contribuições sindicais compulsoriamente pagas pelos trabalhadores para o custeio do sistema confederativo.

Ainda nesse âmbito, Romar (2018, p. 917) ensina que "há três principais formas de grupos representados pelos sindicatos, a categoria; a profissão e a empresa, diferentes, superpostos ou não, com maior destaque para um deles em um país, menor em outro".

4.2 Comissões de conciliação prévia

A instituição das comissões de conciliação prévia foi autorizada graças à Lei n. 9.958, de 12 de janeiro de 2000.

O que é

As comissões de conciliação prévia foram criadas com o objetivo de facilitar um acordo entre as partes de um conflito trabalhista. Os membros dessa câmara são representantes de empregadores e empregados, cuja função é propor soluções para disputa – fato que só é possível se os envolvidos abandonarem parte de suas exigências (Delgado, 2019).

O diploma legal anteriormente citado inseriu os dispositivos na CLT do Título VI-A, arts. 625-A até 625-H, como podemos observar a seguir.

> Art. 625-A. As empresas e os sindicatos podem instituir Comissões de Conciliação Prévia, de composição paritária, com representante dos empregados e dos empregadores, com a atribuição de tentar conciliar os conflitos individuais do trabalho.
> Parágrafo único. As Comissões referidas no caput deste artigo poderão ser constituídas por grupos de empresas ou ter caráter intersindical.
> Art. 625-B. A Comissão instituída no âmbito da empresa será composta de, no mínimo, dois e, no máximo, dez membros, e observará as seguintes normas:
> I – A metade de seus membros será indicada pelo empregador e outra metade eleita pelos empregados, em escrutínio, secreto, fiscalizado pelo sindicato de categoria profissional;
> II – Haverá na Comissão tantos suplentes quantos forem os representantes titulares;
> III – O mandato dos seus membros, titulares e suplentes, é de um ano, permitida uma recondução.
> § 1º É vedada a dispensa dos representantes dos empregados membros da Comissão de Conciliação Prévia, titulares e suplentes, até um ano após o final do mandato, salvo se cometerem falta grave, nos termos da lei.
> § 2º O representante dos empregados desenvolverá seu trabalho normal na empresa afastando-se de suas atividades apenas quando convocado para atuar como conciliador, sendo computado como tempo de trabalho efetivo o despendido nessa atividade.
> Art. 625-C. A Comissão instituída no âmbito do sindicato terá sua constituição e normas de funcionamento definidas em convenção ou acordo coletivo.
> Art. 625-D. Qualquer demanda de natureza trabalhista será submetida à Comissão de Conciliação Prévia se, na localidade da prestação de serviços, houver sido instituída a Comissão no âmbito da empresa ou do sindicato da categoria.
> § 1º A demanda será formulada por escrito ou reduzida a termo por qualquer dos membros da Comissão, sendo entregue cópia datada e assinada pelo membro aos interessados.
> § 2º Não prosperando a conciliação, será fornecida ao empregado e ao empregador declaração da tentativa conciliatória frustrada com a descrição de seu objeto, firmada pelos membros da Comissão, que deverá ser juntada à eventual reclamação trabalhista.
> § 3º Em caso de motivo relevante que impossibilite a observância do procedimento previsto no caput deste artigo, será a circunstância declarada na petição da ação intentada perante a Justiça do Trabalho.

§ 4º Caso exista, na mesma localidade e para a mesma categoria, Comissão de empresa e Comissão sindical, o interessado optará por uma delas submeter a sua demanda, sendo competente aquela que primeiro conhecer do pedido.
Art. 625-E. Aceita a conciliação, será lavrado termo assinado pelo empregado, pelo empregador ou seu proposto e pelos membros da Comissão, fornecendo-se cópia às partes.
Parágrafo único. O termo de conciliação é título executivo extrajudicial e terá eficácia liberatória geral, exceto quanto às parcelas expressamente ressalvadas.
Art. 625-F. As Comissões de Conciliação Prévia têm prazo de dez dias para a realização da sessão de tentativa de conciliação a partir da provocação do interessado.
Parágrafo único. Esgotado o prazo sem a realização da sessão, será fornecida, no último dia do prazo, a declaração a que se refere o § 2º do art. 625-D.
Art. 625-G. O prazo prescricional será suspenso a partir da provocação da Comissão de Conciliação Prévia, recomeçando a fluir, pelo que lhe resta, a partir da tentativa frustrada de conciliação ou do esgotamento do prazo previsto no art. 625-F.
Art. 625-H. Aplicam-se aos Núcleos Intersindicais de Conciliação Trabalhista em funcionamento ou que vierem a ser criados, no que couber, as disposições previstas neste Título, desde que observados os princípios da paridade e da negociação coletiva na sua constituição.
(Brasil, 1943)

As comissões têm caráter sindical. Sua constituição e seu funcionamento são definidos em negociação coletiva, como previsto no art. 625-C da CLT. Sua atribuição é de promover a conciliação em conflitos individuais de trabalho, de acordo com o art. 625-A do mesmo diploma legal.
Delgado (2019, p. 1748) esclarece que

> as demandas juslaborativas teriam de se submeter à passagem prévia por tais comissões ou núcleos – desde que existentes na localidade de prestação de serviços; esta passagem despontaria, assim, como condição para futura ação trabalhista (art. 625-D). Em face desse caráter condicionador do acesso ao Judiciário e o informe escrito sobre a frustração da tentativa conciliatória extrajudicial ou o motivo relevante que impossibilitou a observância do rito comissional deveriam ser anexados ou relatados na eventual ação trabalhista (art. 625-D).

Caso a conciliação seja frutífera, seu termo será título executivo extrajudicial e terá eficácia liberatória geral, exceto quanto às parcelas expressamente ressalvadas (Brasil, 1943, art. 625-E, parágrafo único). As comissões de conciliação prévia surgiram em um cenário de descentralização de poder, no qual os documentos conciliatórios extrajudiciais produziam eficácia liberatória geral, transportando o direito brasileiro por negociações coletivas trabalhistas.

O poder de negociação coletiva trabalhista não foi concedido pela CF/1988 a qualquer entidade ou processo – são poderes superiores aos restritos conferidos à mera transação bilateral trabalhista.

Neste ponto de nosso estudo, podemos afirmar que a intenção na criação das comissões de conciliação prévia se assemelha ao propósito de criação da arbitragem do direito do trabalho: ambos buscam solucionar extrajudicialmente os conflitos existentes na seara trabalhista.

Importante

Ambas as formas de soluções de conflitos são coletivas, tendo em vista que o direito individual do trabalho não fornece meios com poderes tão extensos quanto os imaginados pela Lei n. 9.958/2000 em favor dessas entidades da sociedade civil, ou seja, em muitas situações, sozinhos os indivíduos não conseguiram as proteções de que dispõem no âmbito do coletivo sindical.

A dinâmica nas comissões de conciliação prévia obedece ao rito sumaríssimo. As demandas devem ser escritas ou reduzidas a termo por um dos representantes das entidades, desde que a cópia seja datada e assinada e entregue aos interessados, conforme vimos no art. 625-D, parágrafo 1º, da CLT.

Para os casos em que exista mais de uma entidade competente na mesma localidade, fica a critério do interessado escolher qualquer uma delas, sendo competente "aquela que primeiro conhecer do pedido", conforme parágrafo 4º do art. 625-D da CLT.

O prazo para as entidades conciliatórias realizarem a "sessão de tentativa de conciliação a partir da provocação do interessado", conforme vimos no *caput* do art. 625-F da CLT. Ultrapassado esse prazo, ou sendo infrutífera a conciliação, as partes contratuais trabalhistas receberão "declaração da tentativa conciliatória frustrada com a descrição de seu objeto" (Brasil, 1943), subscrita pelos membros da respectiva entidade, conforme arts. 625-D, parágrafo 2º, e 625-F, parágrafo único, do diploma legal citado.

Esse documento deverá ser juntado à eventual ação trabalhista proposta, conforme previsto no art. 625-D, parágrafo 2º, da CLT. Quando verificado motivo relevante que impossibilite a observância do percurso pelas comissões ou núcleos referidos pela CLT, tal fato deverá ser declarado na petição inicial da respectiva ação trabalhista, de acordo com o parágrafo 3º do art. 625-D do referido decreto-lei.

A lei determina que a provocação do interessado às entidades conciliatórias suspende o curso da prescrição trabalhista, que recomeçará a fluir "pelo que lhe resta, a partir da tentativa frustrada de conciliação ou do esgotamento do prazo" (Brasil, 1943) de 10 dias para a realização da respectiva sessão, conforme o art. 625-G da CLT. Desse modo, resta evidente que, quando ocorrer a conciliação, recomeça o fluxo para o restante de tempo até a prescrição.

O termo de conciliação alcançado nas referidas entidades terá caráter de título executivo extrajudicial (art. 625-E, CLT). Isso significa que, verificando-se seu inadimplemento, poderá ele ser excutido, ou executado, na Justiça do Trabalho, independentemente da formação de prévio processo de conhecimento (art. 876, *caput*, CLT). O juiz competente será aquele "que teria competência para o processo de conhecimento relativo à matéria" (art. 877-A, CLT) (Delgado, 2019).

O termo de conciliação tem eficácia liberatória geral – exceto quanto às parcelas expressamente ressalvadas, conforme disposto no art. 625-E da CLT – sendo referente aos valores discutidos na negociação e não transmutável em quitação geral e indiscriminada de verbas trabalhistas.

Exercício resolvido

1. As comissões de conciliação prévia foram autorizadas pela Lei n. 9.958/2000, que inseriu os dispositivos na CLT do Título VI-A: arts. 625-A até 625-H. São organizações criadas com o objetivo de facilitar acordo entre as partes de um conflito trabalhista. Os membros dessa câmara são representantes de empregadores e empregados, cuja função é propor soluções para disputa – fato que só é possível se os envolvidos abandonarem parte de suas exigências. As comissões têm caráter sindical, e sua constituição e seu funcionamento são definidos em negociação coletiva, como previsto no art. 625-C da CLT. Sua atribuição é de tentar conciliar os conflitos individuais de trabalho, de acordo com o art. 625-A do referido diploma legal, e sua dinâmica obedece ao rito sumaríssimo. As demandas devem ser escritas ou reduzidas a termo por um dos representantes das entidades, desde que a cópia seja datada e assinada e entregue aos interessados. Desse modo, assinale a alternativa correta a respeito das comissões de conciliações prévias à luz do direito trabalhista:
    a. As demandas juslaborativas teriam de se submeter à passagem prévia por tais comissões ou núcleos – existentes ou não na localidade de prestação de serviços; essa passagem despontaria, assim, como condição para futura ação trabalhista.
    b. Essas agremiações têm caráter condicionador de acesso ao Judiciário. O informe verbal sobre a frustração da tentativa conciliatória extrajudicial ou o motivo relevante que impossibilitou a observância do rito comissional deveriam ser anexados ou relatados na eventual ação trabalhista.

c. Caso a conciliação seja frutífera, seu termo será título executivo extrajudicial e terá eficácia liberatória geral, inclusive quanto às parcelas expressamente ressalvadas.
d. A intenção de criação das comissões de conciliação prévia se assemelha ao propósito de criação da arbitragem no direito do trabalho: ambos buscam solucionar extrajudicialmente os conflitos existentes na seara trabalhista.

Gabarito: d

Feedback **da atividade em geral:** a alternativa "d" está correta. Ambas as formas de soluções de conflitos são coletivas, tendo em vista que o direito individual do trabalho não nos fornece poderes tão extensos quanto os imaginados pela Lei n. 9.958/2000 em favor dessas entidades da sociedade civil. Portanto, em muitas situações, sozinhos os indivíduos não conseguiram as proteções de que dispõem no âmbito do coletivo sindical. As demais alternativas estão incorretas, pois o correto seria afirmar que as demandas juslaborativas teriam de se submeter à passagem prévia por tais comissões ou núcleos – desde que existentes na localidade de prestação de serviços; essa passagem despontaria, assim, como condição para futura ação trabalhista; essas comissões têm caráter condicionador do acesso ao Judiciário, e o informe escrito sobre a frustração da tentativa conciliatória extrajudicial ou o motivo relevante que impossibilitou a observância do rito comissional deveriam ser anexados ou relatados na eventual ação trabalhista; caso a conciliação seja frutífera, seu termo será título executivo extrajudicial e terá eficácia liberatória geral, exceto quanto às parcelas expressamente ressalvadas e que as comissões de conciliação prévia surgiram em um cenário de descentralização de poder e que os documentos conciliatórios extrajudiciais produziam eficácia liberatória geral, transportando o direito brasileiro por negociações coletivas trabalhistas.

4.3 Funções e importância da negociação coletiva trabalhista

A negociação coletiva é um método extremamente importante na solução de conflitos da sociedade, sendo o mais destacado na seara trabalhista, especialmente para solucionar os conflitos de natureza coletiva.

Os métodos de solução de conflitos divergem. Podemos classificá-los em três grandes grupos, como apresentado na Figura 4.1, a seguir.

Figura 4.1 – Métodos de negociação sindical

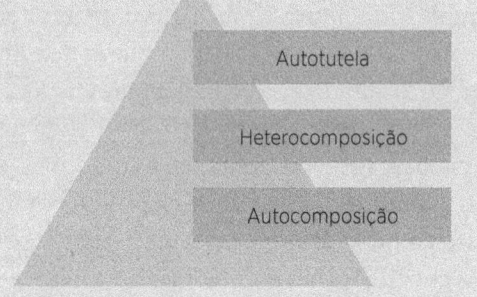

- Autotutela
- Heterocomposição
- Autocomposição

A negociação coletiva, por sua vez, enquadra-se no grupo dos instrumentos de autocomposição.

Podemos aprender com Delgado (2019, p. 1640) a distinção entre esses três grupos:

> A diferenciação essencial entre tais grupos de métodos encontra-se nos sujeitos envolvidos e na sistemática operacional do processo de solução do conflito. É que nas modalidades da autotutela e autocomposição

apenas os sujeitos originais em confronto relacionam-se na busca da extinção do conflito. Isso dá origem a uma sistemática de análise e solução da controvérsia autogerida pelas próprias partes (na autotutela, na verdade, gerida por uma única das partes).

Já na heterocomposição verifica-se a intervenção de um agente exterior aos sujeitos originais na dinâmica de solução do conflito, o que acaba por transferir, em maior ou menor grau, para este agente exterior a direção dessa própria dinâmica. Ou seja, a sistemática de análise e solução da controvérsia não é mais exclusivamente gerida pelas partes, porém transferida para a entidade interveniente (transferência de gestão que se dá em graus variados, é claro, segundo a modalidade heterocompositiva).

A autotutela ocorre quando o próprio sujeito busca afirmar, unilateralmente, seu interesse, impondo-o (e impondo-se) à parte contestante e à própria comunidade que o cerca. Como se vê, a autotutela permite, de certo modo, o exercício de coerção por um particular, em defesa de seus interesses. Não é por outra razão que a antiga fórmula da justiça privada correspondia à mais tradicional modalidade de autotutela.

A heterocomposição ocorre quando o conflito é solucionado através da intervenção de um agente exterior à relação conflituosa. Em vez de pacificarem isoladamente a solução de sua controvérsia, as partes (ou até mesmo uma delas, unilateralmente, como na jurisdição) submetem a terceiro seu conflito. Em decorrência, a solução será por este firmada ou, pelo menos, por ele instigada ou favorecida.

Estudaremos detalhadamente cada uma delas no próximo capítulo, porém precisamos analisar mais profundamente a autocomposição, por ser o instrumento que viabiliza as negociações coletivas.

4.3.1 Método de autocomposição

A autocomposição ocorre sempre que o conflito for solucionado pelas próprias partes, sem intervenção de outros agentes no processo de pacificação da controvérsia. Esse método pode ser verificado de três maneiras distintas:

Figura 4.2 – Método de composição

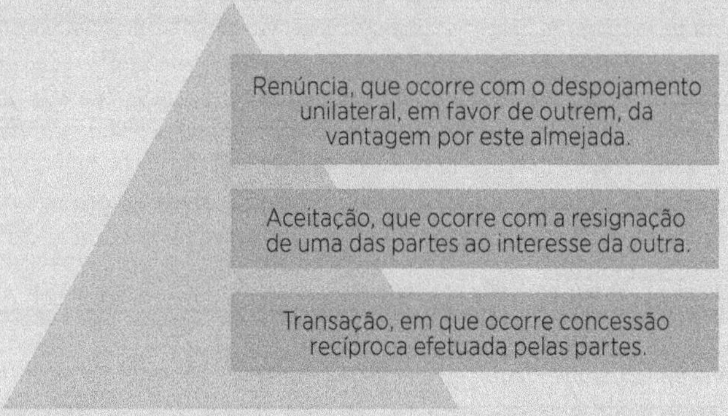

- Renúncia, que ocorre com o despojamento unilateral, em favor de outrem, da vantagem por este almejada.
- Aceitação, que ocorre com a resignação de uma das partes ao interesse da outra.
- Transação, em que ocorre concessão recíproca efetuada pelas partes.

A negociação coletiva está classificada nas fórmulas autocompositivas, porém é uma fórmula autocompositiva essencialmente democrática e gere os interesses profissionais e econômicos de significativa relevância social.

Desse modo, a negociação coletiva não pode ser confundida com a renúncia e muito menos com a submissão, devendo cingir-se, essencialmente, à transação, motivo pelo qual se alude à *transação coletiva negociada*. De acordo com Delgado (2019, p. 1641),

> A negociação coletiva, sendo dinâmica social relativamente complexa, relaciona-se, comumente, a algumas das citadas fórmulas heterocompositiva ou mesmo autocompositivas. É o que se verifica com a mediação, a greve e a arbitragem (embora esta ainda não seja frequente nas negociações coletivas verificadas no Brasil). Estes três mecanismos podem ser considerados, desse modo, instrumentos-meios da negociação coletiva trabalhista.

A negociação coletiva conta com seus próprios instrumentos, que formalizam o sucesso de sua dinâmica social – no Brasil, são a convenção coletiva de trabalho e o acordo coletivo do trabalho. A relevância existente na negociação coletiva de trabalhista está além do próprio direito do trabalho.

Ainda conforme Delgado (2019, p. 1642),

> A experiência histórica dos principais países ocidentais demonstrou, desde o século XIX, que uma diversificada e atuante dinâmica de negociação coletiva no cenário das relações laborativas sempre influenciou, positivamente, a estruturação mais democrática do conjunto social. Ao revés, as experiências autoritárias mais proeminentes detectadas caracterizavam-se por um Direito do Trabalho pouco permeável à atuação dos sindicatos obreiros e à negociação coletiva trabalhista, fixando-se na matriz exclusiva ou essencialmente heterônoma de regulação das relações de trabalho. Esse contraponto permite, inclusive, estabelecer rica tipologia de sistemas trabalhistas no mundo ocidental desenvolvido. Tal tipologia dá a medida da importância da negociação coletiva na sociedade contemporânea.

Desse modo, podemos concluir que as negociações coletivas de trabalho produzem organização na sociedade democrática e cumprem relevante papel na configuração própria da democracia desse grupo. Da mesma forma, podemos afirmar que há um ramo jurídico no padrão corporativo-autoritário, que conta com marcante presença em diversas experiências políticas do mundo ocidental contemporâneo.

4.4 Etapas e princípios da negociação coletiva

As negociações coletivas podem ser traduzidas como os meios existentes entre os sindicatos de classe e os empregadores para estipular condições mais justas para ambos os grupos por meio de convenções e acordos coletivos de trabalho.

A negociação coletiva sempre foi essencial às relações entre empregado e empregador, bem como às interações no direito do trabalho, pois é por meio de seus instrumentos, seus acordos e suas convenções que temos a pacificação de conflitos existentes em âmbito trabalhista.

Sobre esse tema, Delgado (2013, p. 1309) escreve:

> Os acordos coletivos constroem-se por empresa ou empresas, em âmbito mais limitado do que o das convenções, com efeitos somente aplicáveis à(s) empresa(s) e trabalhadores envolvidos. Do ponto de vista formal, traduzem acordo de vontades (contrato lato sensu) – à semelhança das convenções – embora com especificidade no tocante aos sujeitos pactuantes e âmbito de abrangência. Do ponto de vista substantivo (seu conteúdo), também consubstanciam diplomas reveladores de regras jurídicas típicas, qualificadas por serem gerais (em seu âmbito mais delimitado, é verdade), abstratas e impessoais, sendo também dirigidas à regulação *ad futurum* de relações trabalhistas.

Na disputa sobre a regulação do trabalho, a negociação coletiva surge como um dos espaços para que sejam feitos os ajustes das condições. Podemos afirmar que realizar negociações coletivas corresponde ao principal meio de manutenção da paz industrial e social. Tendo em vista que, para sua realização, não é necessária a existência de um conflito anterior, ela existe para solucionar o interesse, e não as questões que englobam problemática jurídica. Foi por meio da negociação coletiva que o movimento sindical logrou êxito em conquistas importantes e ampliou direitos previstos na CLT e na Constituição. Em outras palavras, trata-se de instrumento de luta conquistado historicamente pelos trabalhadores, destinado à garantia e à fiscalização de seus direitos, suprindo possíveis lacunas legislativas e equilibrando a balança das relações trabalhistas.

Por se tratar de uma tendência acolhida pela Constituição, a negociação caracteriza-se por princípios norteadores, por exemplo:

- **Princípio da autonomia da vontade**: compreendido como a liberdade de decidir acerca de situações e conteúdos presentes no contrato de trabalho.
- **Princípio da liberdade**: refere-se à inexistência de óbices legais para que empregadores e empregados possam associar-se na defesa de seus interesses, sem que isso resulte na intervenção do Estado.

- **Princípio da inescusabilidade negocial:** princípio garantidor de que as partes não podem rejeitar a negociação coletiva em um primeiro sinal, no qual nem sindicatos nem empresas poderão negar-se a buscar de modo pacífico soluções para conflitos trabalhistas.
- **Princípio da obrigatoriedade de atuação sindical:** na presença do sindicato nas negociações coletivas, é obrigatório que os acordos resultantes de tais negociações produzam normas de efeito vinculante a todos os trabalhadores. Esse princípio define o que englobará o ordenamento jurídico como negociação coletiva ou negociação individual, pois norma coletiva é aquela negociada pelas partes com a devida participação dos sindicatos das categorias envolvidas na negociação.
- **Princípio da paz social:** pressupõe a intenção de as partes necessitarem de negociar sempre em clima de paz, buscando o entendimento w o respeito ao contraditório. Nesse prisma, o princípio da paz social visa à solução do conflito sempre com o respeito e as boas relações entre as partes.

A CF/1988 estabelece, em seu art. 114, parágrafo 2º, que:

> Art. 114. Compete à Justiça do Trabalho processar e julgar:
> [...]
> § 2º Recusando-se qualquer das partes à negociação coletiva ou à arbitragem, é facultado às mesmas, de comum acordo, ajuizar dissídio coletivo de natureza econômica, podendo a Justiça do Trabalho decidir o conflito, respeitadas as disposições mínimas legais de proteção ao trabalho, bem como as convencionadas anteriormente. (Brasil, 1988)

Como já destacamos, as partes têm ampla liberdade para negociar entre si, contudo devem ser observados os limites legais, de acordo com os quais as negociações sindicais estejam pautadas no dever geral de boa-fé objetiva, na lealdade e na transparência, o que impõe às partes condutas que sempre visam manter a igualdade de forças entre o empregado e o empregador.

As negociações coletivas são uma conquista histórica e servem para resolução de conflitos pertinentes ao âmbito trabalhista. Esse instituto pode ser dividido em quatro etapas, como indicado no Quadro 4.1, a seguir.

Quadro 4.1 – Etapas da negociação

Etapa preliminar	O sindicato traz as exigências da classe e inicia o movimento de negociação entre as partes.
Aproximação das partes	Inicia-se o diálogo na busca de propostas que solucionem os conflitos trazidos.
Discussão	Ambas as partes buscam formas de obter sucesso nas propostas trazidas.
Fechamento	São colocados os termos convencionados na forma de um acordo ou convenção, que tem a mesma importância de uma lei trabalhista.

Com a recente Reforma Trabalhista, vemos uma inclinação do legislador, que prestigia a negociação direta entre empregado e empregador, estimulando as chamadas *negociações individuais*, desde que respeitadas as diretrizes da CLT.

Nas negociações individuais, podem ser observadas questões como redução ou aumento da jornada de trabalho, teto salarial e, inclusive, tópicos pertinentes à demissão do empregado, que pode ser objeto de acordo entre ambos sem que haja interferência dos sindicatos de classe. É de se questionar se essas mudanças trazidas pela Reforma Trabalhista são suficientes para definir uma situação de igualdade entre o trabalhador e o empregador.

Ao ser incluído no trabalho, o trabalhador já se encontra em desvantagem na relação de emprego, seja pela vulnerabilidade econômica, seja pela dependência daquele emprego para sua sobrevivência, o que o motiva a aceitar condições cada vez menos dignas de trabalho, tendo em vista que primeiro trabalha para só depois receber sua contraprestação, o salário (Cassar, 2017).

O direito do trabalho tem como finalidade precípua mitigar a diferenciação fática decorrente das características socioeconômicas do contexto em que está inserido o trabalhador. Nessa dinâmica, de acordo com Delgado (2013, p. 67), essa área do direito

> estrutura em seu interior, com suas regras, seus institutos, seus princípios e suas presunções próprias uma teia de proteção à parte hipossuficiente na relação empregatícia – o obreiro –, visando retificar (ou atenuar), no plano jurídico, o desequilíbrio inerente ao plano fático do contrato de trabalho. [...]. Na verdade, pode-se afirmar que sem a ideia protetivo-retificadora, o Direito Individual do Trabalho não se justificaria histórica e cientificamente.

Em suma, a negociação coletiva busca a harmonização das relações conflituosas e as melhores condições para os trabalhadores, com objetivo de adequar as relações trabalhistas à realidade vivida pela empresa, que é alterada dia a dia.

Exercício resolvido

1. As negociações coletivas podem ser traduzidas como os meios existentes entre os sindicatos de classe e os empregadores para estipular condições mais justas para ambos por meio de convenções e acordos coletivos de trabalho. A negociação coletiva sempre foi essencial às relações empregado e empregador, bem como às relações contidas no direito do trabalho, pois é por seus instrumentos, seus acordos e suas convenções que temos a pacificação de conflitos existentes no âmbito trabalhista. No que diz respeito às negociações coletivas trabalhistas, avalie as alternativas a seguir e indique a alternativa **incorreta**:
   a. Os acordos coletivos constroem-se por empresa(s), em âmbito mais limitado do que o das convenções, com efeitos somente aplicáveis à(s) empresa(s) e trabalhador(es) envolvido(s). Do ponto de vista formal, traduzem acordo de vontades (contrato *lato sensu*) – à semelhança das convenções.

b. Na disputa sobre a regulação do trabalho, a negociação coletiva surge como um dos espaços para que sejam feitos os ajustes das condições.

c. A negociação coletiva é uma ferramenta essencial de pacificação social, atendendo ao pactuado, que gira em torno dos interesses coletivos.

d. Por não se tratar de uma tendência acolhida pela Constituição, a negociação coletiva caracteriza-se por princípios norteadores, a exemplo do princípio da autonomia da vontade, compreendido como a liberdade de decidir acerca de situações e conteúdos presentes no contrato de trabalho; e do princípio da liberdade, que se refere à inexistência de óbices legais para que empregadores e empregados possam associar-se na defesa de seus interesses, sem que isso resulte na intervenção do Estado.

Gabarito: d

Feedback **da atividade:** a alternativa "d" está incorreta. As demais alternativas estão corretas pelos seguintes motivos, indicados anteriormente: por se tratar de uma tendência que foi amplamente recepcionada pela Constituição, conta com princípios norteadores, a exemplo do princípio da autonomia da vontade, compreendido na liberdade de decidir acerca de situações e conteúdos presentes no contrato de trabalho, e do princípio da liberdade, que diz respeito à inexistência de óbices legais para que empregadores e empregados possam associar-se na defesa de seus interesses, sem que isso resulte na intervenção do Estado.

4.5 Limites da negociação coletiva

É de suma importância discutirmos sobre a eficácia da negociação coletiva trabalhista e suas potencialidades no mundo jurídico e, em paralelo, a respeito das restrições que encontra na ordem justrabalhista, inclusive, no âmbito constitucional.

Esse debate nos leva ao princípio da adequação setorial negociada, ou seja, aos critérios de harmonização entre as regras jurídicas oriundas da negociação coletiva e as regras jurídicas provenientes da legislação heterônoma estatal. Nas palavras de Delgado (2019, p. 1678),

> Um dos pontos centrais de inter-relação entre o Direito Coletivo e o Direito Individual do Trabalho reside na fórmula de penetração e harmonização das normas juscoletivas negociadas perante o estuário normativo heterônomo clássico ao Direito Individual do Trabalho. Reside, em síntese, na pesquisa e aferição sobre os critérios de validade jurídica e extensão de eficácia das normas oriundas de convenção coletiva ou acordo coletivo de trabalho em face da legislação estatal imperativa que tanto demarca o ramo justrabalhista individual especializado.

Perguntas & respostas

De qual dilema o princípio da adequação setorial trata especificamente?
O princípio da adequação setorial negociada avalia até que ponto as normas juscoletivas podem contrapor-se às normas jusindividuais imperativas estatais existentes.

Pelo princípio da adequação setorial negociada, as normas autônomas juscoletivas, construídas para incidir sobre certa comunidade econômico-profissional, podem prevalecer sobre o padrão geral heterônomo justrabalhista, desde que respeitados certos critérios objetivamente fixados. São dois esses critérios autorizativos:

1. Quando as normas autônomas juscoletivas implementam um padrão setorial de direitos superior ao padrão geral oriundo da legislação heterônoma aplicável.
2. Quando as normas autônomas juscoletivas transacionam setorialmente parcelas justrabalhistas de indisponibilidade apenas relativa (e não de indisponibilidade absoluta) (Delgado, 2019).

No primeiro caso, as normas autônomas elevam o patamar do direito trabalhista quando comparado ao padrão existente, ou seja, não afrontam sequer o princípio da indisponibilidade de direitos que é inerente ao direito individual do trabalho. No segundo caso, o princípio da indisponibilidade de direitos é realmente afrontado, mas de modo a atingir somente parcelas de indisponibilidade relativa; desse modo, qualificam-se tanto pela natureza intrínseca à própria parcela quanto pela existência de expresso permissivo jurídico heterônomo a seu respeito.

Exemplificando

Pelo princípio da adequação setorial negociada, as normas autônomas juscoletivas, construídas para incidirem sobre certa comunidade econômico-profissional, podem prevalecer sobre o padrão geral heterônomo justrabalhista, desde que respeitados certos critérios objetivamente fixados. Quando as normas autônomas juscoletivas transacionam setorialmente parcelas justrabalhistas de indisponibilidade apenas relativa, podemos apontar que, ao se qualificarem pela natureza intrínseca à própria parcela, correspondem à modalidade de pagamento salarial, ao tipo de jornada pactuada, ao fornecimento ou não de utilidades e às suas repercussões no contrato etc. Já no que se refere à existência de expresso permissivo jurídico heterônomo a seu respeito, podemos mencionar, por exemplo, o montante salarial, de acordo com o art. 7°, inciso VI, da CF/1988; ou até mesmo o montante de jornada, conforme o art. 7°, incisos XIII e XIV, da CF/1988.

São amplas as possibilidades de validade e eficácia jurídicas das normas autônomas coletivas em face das normas heterônomas imperativas, à luz do princípio da adequação setorial negociada. Entretanto, há limites objetivos à adequação setorial negociada e limites jurídicos objetivos à criatividade jurídica da negociação coletiva trabalhista.

A negociação coletiva trabalhista não prevalece mediante ato estrito de renúncia (e não transação), tendo em vista que, no contexto do processo negocial coletivo, não pode haver poderes de renúncia sobre direitos de terceiros. Nesse caso, é possível promover apenas transação, ou seja, despojamento bilateral ou multilateral, com reciprocidade entre os agentes envolvidos, a qual seja hábil a gerar normas jurídicas.

Explica Delgado (2019, p. 1680):

> Também não prevalece a adequação setorial negociada se concernente a direitos revestidos de indisponibilidade absoluta (ao invés de indisponibilidade relativa), os quais não podem ser transacionados nem mesmo por negociação sindical coletiva. Tais parcelas são aquelas imantadas por uma tutela de interesse público, por constituírem um patamar civilizatório mínimo que a sociedade democrática não concebe ver reduzido em qualquer segmento econômico-profissional, sob pena de se afrontarem importantes princípios constitucionais, como o da centralidade da pessoa humana na ordem jurídica e na vida socioeconômica, o da segurança (em seu sentido também humanístico e social, ao invés do sentido tradicional que lhe tem sido atribuído), o da justiça social, o da subordinação da propriedade à sua função socioambiental, o da valorização do trabalho e emprego, a par do princípio da dignidade da pessoa humana. Expressam, ilustrativamente, essas parcelas de indisponibilidade absoluta a anotação de CTPS, o pagamento do salário-mínimo, as normas de saúde e segurança no ambiente do trabalho; em suma, todos os direitos e normas que ostentem caráter imperativo por força da ordem jurídica heterônoma estatal.
>
> Em conformidade com o já exposto, na ordem jurídica brasileira, esse patamar civilizatório mínimo está dado, essencialmente, por três grupos convergentes de normas trabalhistas heterônomas: as normas constitucionais em geral (respeitadas, é claro, as ressalvas parciais expressamente feitas pela própria Constituição: art. 7º, VI, XIII e XIV, por exemplo); as normas de tratados e convenções internacionais vigorantes no plano interno brasileiro (referidas pelo art. 5º, §§ 2º e 3º, CF/88,

já expressando um patamar civilizatório no próprio mundo ocidental em que se integra o Brasil); as normas legais infraconstitucionais que asseguram patamares de cidadania econômica e social ao indivíduo que labora (preceitos relativos à saúde e segurança no trabalho, normas concernentes a bases salariais mínimas, normas de identificação profissional, dispositivos antidiscriminatórios, em síntese, todos os dispositivos que contenham imperatividade em sua incidência no âmbito do contrato de trabalho).

A negociação coletiva trabalhista pode instituir parcelas novas, não decorrentes de lei, e, nessa dimensão, formular os contornos, a extensão e as repercussões jurídicas dessas parcelas novas criadas. É o que tem reconhecido a jurisprudência trabalhista reiteradamente, como o demonstram as orientações jurisprudenciais que tratam de verbas instituídas pela negociação coletiva trabalhista. Para ilustrar, podemos citar as orientações a seguir (Delgado, 2019):

- **OJ 123 e OJT 61 da SDI-I**[1]: refere à verba de "ajuda alimentação" e correlatas.
- **OJ 346**[2]: da mesma SDI-I, reporta-se ao "abono de natureza indenizatória" conferido somente a empregados da ativa.
- **OJ 64**[3]: também da SDI-I, menciona outras verbas derivadas estritamente da negociação coletiva trabalhista.

A negociação coletiva trabalhista também pode abordar aspectos duvidosos existentes em certa comunidade trabalhista validamente representada pelos seres coletivos laborais, desde que se trate realmente de parcela de disponibilidade relativa.

Contudo, resta evidente que a negociação coletiva não tem poder de reduzir ou normatizar *in pejus* parcela instituída pela ordem jurídica heterônoma estatal, salvo nos limites em que essa ordem jurídica imperativa especificamente autorizar. Dois fortes exemplos

---

1 Disponível em: <https://www3.tst.jus.br/jurisprudencia/OJ_SDI_2/n_S6_121.htm>. Acesso em: 19 ago. 2021.

2 Disponível em: <https://www.legjur.com/sumula/busca?tri=tst-sdi-i&num=346>. Acesso em: 19 ago. 2021.

3 Disponível em: <https://www3.tst.jus.br/jurisprudencia/OJ_SDI_2/n_S5_61.htm>. Acesso em: 30 ago. 2021.

são: a hora ficta noturna e seu adicional, e as horas extras, sua base de cálculo e seu adicional.

Assim, podemos concluir que a negociação coletiva trabalhista tem poder inerente à sociedade civil, amplamente reconhecido e respeitado pela ordem jurídica nacional. Contudo, esse poder não é absoluto, incontrolável e avassalador, um tipo de superpoder que ostente a prerrogativa de atuar antieticamente contra as próprias conquistas firmadas pela Constituição da República, pelas Convenções Internacionais da OIT ratificadas pelo Estado brasileiro e pela legislação heterônoma estatal da República Federativa do Brasil.

Síntese

Neste capítulo, tratamos dos seguintes tópicos:

- O empregador é toda pessoa natural que contrate expressamente outro e seus serviços, que devem ser efetuados com pessoalidade, onerosidade, não eventualidade e subordinação. Já o empregado é o sujeito prestador de trabalho, aquele que pessoalmente, sem auxílio de terceiros, depende, em caráter não eventual e sob direção alheia, de sua energia laboral em troca de salário.
- O empregado pode atuar na esfera pública ou privada. No primeiro caso, atua como servidor público, que pode ser efetivo ou temporário – é o empregado público ou o chamado *empregado contratado para serviços sociais autônomos*. No segundo caso, temos os empregados privados, que trabalham nos ambientes urbanos, rurais, domésticos, entre outros. No que tange ao trabalho desempenhado por empregados em empresas, podemos verificar divisões de trabalho: por setores; e por funções ou por etapas de produção, sendo este último um modo de flexibilizar o trabalho e tornar o empregado um *expert* em determinada função.

- A divisão existente no trabalho corresponde à especialização de tarefas, de modo a dinamizar e otimizar a produção industrial. Esse processo produz eficiência e rapidez ao sistema produtivo, tendo em vista que é por meio da tarefa repetitiva que o trabalhador desenvolve maior agilidade na execução de suas atribuições.
- A CLT estabelece regras que para proteger o funcionário. Contudo, nem sempre ela abrange todas as necessidades do mercado de trabalho brasileiro. Por isso, existem as convenções coletivas de trabalho ou os acordos coletivos de trabalho, ambos previstos no diploma legal citado.
- A Lei n. 9.958/2000, que inseriu os dispositivos na CLT do Título VI-A: arts. 625-A até 625-H, autorizou a instituição das comissões de conciliação prévia. Esses órgãos facilitam acordos entre as partes de um conflito trabalhista. Os membros dessa câmara são representantes de empregadores e empregados, cuja função é propor soluções para disputa – fato que só é possível se os envolvidos abandonarem parte de suas exigências. Essas comissões têm caráter sindical, e sua constituição e seu funcionamento são definidos em negociação coletiva.
- A negociação coletiva é um método extremamente importante de solução de conflitos da sociedade, sendo o mais destacado na seara trabalhista, especialmente para solucionar os conflitos de natureza coletiva. Esse recurso apresenta certas divergências, podendo ser classificado em três grandes grupos: autotutela, heterocomposição e autocomposição. A negociação coletiva, por sua vez, enquadra-se no grupo dos instrumentos de autocomposição.
- A autocomposição ocorre sempre que o conflito for solucionado pelas próprias partes, sem intervenção de outros agentes no processo de pacificação da controvérsia. Pode ser verificada por três maneiras distintas: renúncia, que ocorre com o despojamento unilateral em favor de outrem da vantagem por este almejada; aceitação, que ocorre com a resignação de uma das partes ao interesse; transação, em que ocorre a concessão

recíproca efetuada pelas partes. A negociação coletiva está classificada nas fórmulas autocompositivas, porém é uma fórmula autocompositiva essencialmente democrática e gere os interesses profissionais e econômicos de significativa relevância social.

- A negociação coletiva conta com instrumentos próprios, que formalizam o sucesso de sua dinâmica social. No âmbito brasileiro, esses recursos são a convenção coletiva de trabalho e o acordo coletivo de trabalho. A negociação coletiva sempre foi essencial às relações empregado e empregador, bem como às relações contidas no direito do trabalho, pois é por meio de seus instrumentos que a pacificação de conflitos existentes em âmbito trabalhista é possível.
- É de suma importância discutirmos sobre a eficácia da negociação coletiva trabalhista e suas potencialidades no mundo jurídico e, em paralelo, a respeito das restrições que esse recurso encontra na ordem justrabalhista, inclusive, no âmbito constitucional. Esse debate nos leva ao princípio da adequação setorial negociada e, portanto, aos critérios de harmonização entre as regras jurídicas oriundas da negociação coletiva e as regras jurídicas provenientes da legislação heterônoma estatal.
- A negociação coletiva trabalhista pode instituir parcelas novas, não decorrentes de lei e, nessa dimensão, formular os contornos, a extensão e as repercussões jurídicas dessas parcelas novas criadas. Além disso, pode abordar aspectos duvidosos existentes em certa comunidade trabalhista validamente representada pelos seres coletivos laborais, desde que se trate realmente de parcela de disponibilidade relativa. Contudo, resta evidente que a negociação coletiva não tem poder de reduzir ou normatizar *in pejus* parcela instituída pela ordem jurídica heterônoma estatal, salvo nos limites em que essa ordem jurídica imperativa especificamente autorizar. Dois exemplos relevantes são: a hora ficta noturna e seu adicional, e as horas extras, sua base de cálculo e seu adicional.

FORMAS DE SOLUÇÃO DE CONFLITOS COLETIVOS DE TRABALHO

5

INTRODUÇÃO DO CAPÍTULO:

Neste capítulo, apresentaremos tipos de solução de conflitos coletivos de trabalho – as fórmulas autocompositivas e heterocompositivas e a autotutela. Nesse caso, nossos objetivos são os seguintes:

- Analisar esses recursos em relação aos seres coletivos trabalhistas e sua atuação na estrita resolução dos conflitos coletivos condizentes às relações laborativas.
- Demonstrar a existência dos conflitos de natureza jurídica e econômica.
- Abordar as modalidades de resolução de conflitos coletivos, explicando cada uma delas nos casos de dissídio coletivo, acordo coletivo de trabalho e convenção coletiva de trabalho.
- Explicar de que maneira a arbitragem e mediação influenciam o direito coletivo do trabalho.
- Analisar os institutos do *lockout* e da greve, estabelecendo seus limites e requisitos no Brasil.
- Tratar das condutas antissindicais e dos possíveis prejuízos ao trabalhador.

CONTEÚDOS DO CAPÍTULO:

- Formas de solução de conflitos coletivos de trabalho: fórmulas autocompositivas e heterocompositivas.
- Diplomas negociais coletivos: convenção e acordo coletivos de trabalho.
- Arbitragem e mediação no direito coletivo do trabalho.
- *Lockout* e greve.
- Greve: limites e requisitos.
- Condutas antissindicais.

APÓS O ESTUDO DESTE CAPÍTULO, VOCÊ SERÁ CAPAZ DE:

1. identificar os recursos de solução de conflitos coletivos de trabalho na figura das fórmulas autocompositivas e heterocompositivas;
2. utilizar diplomas negociais coletivos: convenção e acordo coletivos de trabalho;
3. discutir sobre arbitragem e mediação no direito coletivo do trabalho;
4. tipificar *lockout* e greve;
5. contextualizar greve: limites e requisitos;
6. enquadrar condutas antissindicais.

5.1 Fórmulas autocompositivas e heterocompositivas

O direito do trabalho está estruturado em torno dos seres coletivos trabalhistas e atua na estrita resolução dos conflitos coletivos relacionados às relações laborativas, que podem ser divididos em conflitos de ordem jurídica ou de ordem econômica.

- **Conflitos de natureza jurídica:** correspondem à desarmonia de interpretação das regras e dos princípios jurídicos existentes, independentemente de constarem em diplomas coletivos outrora negociados. Em caso de interpretação diferenciada, há repercussão nas relações entre trabalhadores e empregadores.
- **Conflitos de natureza econômica:** correspondem à desarmonia nas condições que envolvem o ambiente laborativo e os contratos de trabalho, com repercussões de evidente fundo material. Nessa situação, há divergências relativas à situação econômica dos trabalhadores, bem como às lutas empresariais perante empregadores, visando a melhorias nas condições existentes para as categorias, podendo ser chamado de conflito de interesse, pois há reinvindicação pelos trabalhadores de novas ou melhores condições laborativas.

As formas de soluções desses conflitos estão pautadas em fórmulas de autocomposição, que podem valer-se das técnicas de autotutela como a greve, e de heterocomposição, como a mediação (Delgado, 2019). Os conflitos trabalhistas são os que atingem comunidades específicas de trabalhadores, empregados ou, ainda, tomadores de serviços, e abrange desde eventos pontuais, no interior do estabelecimento ou da empresa, até os que abarcam a categoria ou a comunidade obreira como um todo.

Neste ponto do nosso estudo, precisamos deixar claro que os conflitos interindividuais divergem dos demais, pois consistem em conflito entre empregados e empregadores, ou seja, em conflitos que correspondem às partes contratuais trabalhistas isoladamente. Quando problemas interindividuais ocorrem de maneira excessivamente reiterada e com diversos trabalhadores, esses eventos podem atingir a dimensão grupal, dando origem a um conflito coletivo trabalhista.

5.2 Modalidades de resolução de conflitos coletivos

Como vimos, os conflitos de trabalho são solucionados por meio de fórmulas autocompositivas ou heterocompositivas.

O que é

A autocomposição decorre do ajuste realizado pelas partes coletivas contrapostas com autonomia, sem a necessidade de intervenção de terceiro para solucionar o impasse. A heterocomposição decorre da necessidade de um terceiro conduzir as negociações, pois as partes contrapostas não conseguiram ajustá-las com autonomia. São fórmulas heterocompositivas a arbitragem e o processo judicial próprio ao sistema trabalhista brasileiro, chamado de *dissídio coletivo*.

De acordo com Delgado (2019, p. 1543),

> a fórmula autocompositiva da negociação trabalhista pode receber certos impulsos ou estímulos, caracterizados por mecanismos de autotutela, como a greve, ou próximos à heterocomposição, como a mediação. Entretanto, a presença desses diferentes mecanismos não desnatura a autocomposição realizada, que se celebra autonomamente pelas partes, ainda que sob certa pressão social verificada ao longo da dinâmica negocial.

Importante mencionar que a heterocomposição se faz mais presente em situações de solução de conflitos por arbitragem ou dissídio coletivo, especialmente sob técnicas de autotutela, como a greve ou o *lockout* (vedado pela legislação brasileira), ou de mediação. Nesse contexto, vejamos, a seguir, uma análise mais aprofundada do dissídio coletivo.

5.2.1 Dissídio coletivo

O dissídio coletivo é uma das formas de resolução de conflitos coletivos trabalhistas, constituindo-se em figura singular do direito do trabalho brasileiro atual.

Exercício resolvido

1. Os conflitos de trabalho são solucionados por meio de fórmulas autocompositivas ou heterocompositivas. A autocomposição ocorre quando as partes coletivas contrapostas conseguem ajustar suas divergências com autonomia, por atuação própria, celebrando documento pacificador, que é o diploma coletivo negociado. Trata-se, pois, da negociação coletiva trabalhista. A heterocomposição se efetua quando as partes coletivas contrapostas não conseguem ajustar suas divergências com autonomia, necessitando da condução de terceiro na resolução do conflito, ou, ainda, quando as partes, em razão do impasse, não conseguem impedir que o terceiro intervenha. São fórmulas heterocompositivas a arbitragem e o processo judicial próprio do sistema trabalhista brasileiro, chamado de *dissídio coletivo*. Nesse contexto, assinale a alternativa correta sobre as modalidades de conflitos coletivos:

a. A fórmula heterocompositiva da negociação trabalhista pode receber certos impulsos ou estímulos, caracterizados por mecanismos de autotutela, como a greve, ou próximos à autocomposição, como a mediação.
b. Na autocomposição, é comum a presença de técnicas de autotutela (greve) ou próximas à heterocomposição (mediação), no contexto da resolução conflitual via arbitragem ou dissídio coletivo.
c. O *lockout* é permitido na legislação brasileira e vedado na legislação estrangeira.
d. O dissidio coletivo é também um dos tipos de resolução de conflitos coletivos trabalhistas e figura singular do direito do trabalho brasileiro atual.

Gabarito: d

Feedback **da atividade:** as alternativas "a", "b" e "c" se confundem, pois estariam corretas desta forma: (a) A fórmula autocompositiva da negociação trabalhista pode receber certos impulsos ou estímulos, caracterizados por mecanismos de autotutela, como a greve, ou próximos à heterocomposição, como a mediação; (b) Na heterocomposição, é comum a presença de técnicas de autotutela (greve) ou próximas à heterocomposição (mediação), no contexto da resolução conflitual via arbitragem ou dissídio coletivo; (c) A autotutela é considerada um terceiro grupo de fórmulas de resolução de conflitos coletivos trabalhistas. Como exemplo, citamos a greve e o *lockout*, lembrando que este, em geral, é proibido pelo direito e pela legislação brasileira.

Aprendemos com Delgado (2019, p. 1544) que o dissídio coletivo é

> restrito a países cujas ordens justrabalhistas tiveram formação doutrinária e legal autoritárias, de inspiração organicista ou corporativista, como próprio às experiências autocráticas de natureza fascista de primeira metade do século XX, na Europa.

Especificamente a respeito do Brasil, "embora instituída no cenário autoritário das décadas de 1930 e 1940, a fórmula do dissídio coletivo permaneceu durante todo o período posterior, inclusive com a Constituição de 1988" (Delgado, 2019, p. 1544).

Ainda conforme Delgado (2019), devemos observar que o Poder Judiciário atribuiu constitucionalmente o poder de fixar regras jurídicas nas relações laborais – é o que ocorre nos processos de dissídios coletivos e nas respectivas sentenças normativas, o que não pode ser confundido com a atuação jurisprudencial, que decorre de uma dinâmica de reiteração, pelos tribunais, de julgados individuais em semelhante ou idêntica direção, no exercício de função típica e tradicional do Judiciário.

Todavia, a sentença normativa que decorre do dissídio coletivo estabelece uma série de regras gerais, abstratas, impessoais e obrigatórias, resultado de um único e específico processo posto sob exame do tribunal trabalhista para aquele único fim, no exercício de função típica e tradicional do Poder Legislativo (e não do Judiciário) (Delgado, 2019).

De acordo com Delgado (2019, p. 1545), podemos afirmar que, sob a perspectiva técnica,

> sentença é o ato pelo qual o juiz resolve fase específica do processo judicial, com ou sem enfrentamento do mérito da causa ou da respectiva fase processual. Trata-se, pois, decisão proferida pelo Poder Judiciário, no exercício da jurisdição, em face de questões concretas submetidas a seu julgamento. Prolatada em segunda instância, pelos tribunais, assume a denominação de acórdão. Se cotejada a esse parâmetro teórico, a sentença normativa aproximar-se-ia da sentença clássica, na proporção em que é proferida pelo Poder Judiciário trabalhista (Tribunais Regionais e Tribunal Superior do Trabalho), em processos de dissídio coletivo, traduzindo exercício de poder decisório atribuído ao Estado. Dessa maneira, do ponto de vista formal (isto é, pelo modo de sua formação e exteriorização), a sentença normativa classificar-se-ia como sentença. Distingue-se, entretanto, a sentença normativa da sentença clássica, no que tange à sua substância, seu conteúdo. É que ela não traduz a aplicação de norma jurídica existente sobre relação fático-jurídica configurada (como verificado nas sentenças clássicas); não é, por isso, rigorosamente, exercício de poder jurisdicional. Ela, na verdade, expressa, ao contrário, a própria criação de regras jurídicas gerais,

abstratas, impessoais, obrigatórias, para incidência sobre relações *ad futurum*. Por essa razão, a sentença normativa, do ponto de vista material (isto é, substantivamente, sob a perspectiva de seu conteúdo), equipara-se à lei em sentido material. A sentença normativa, portanto, é ato-regra (Duguit), comando abstrato (Carnelutti), constituindo-se em ato judicial (aspecto formal) criador de regras gerais, impessoais, obrigatórias e abstratas (aspecto material). É lei em sentido material, embora se preserve como ato judicial, do ponto de vista de sua forma de produção e exteriorização.

A sentença normativa e a integração de suas regras jurídicas componentes aos contratos de trabalho têm vigência determinada pela jurisprudência, seguindo critério estabelecido pela aderência contratual limitada pelo prazo, negando, em consequência, qualquer ultratividade a tais regras para além do prazo prefixado na sentença, que hoje segue o determinado pela Consolidação das Leis do Trabalho (CLT), ou seja, prazo até quatro anos:

> Art. 868. Em caso de dissídio coletivo que tenha por motivo novas condições de trabalho e no qual figure como parte apenas uma fração de empregados de uma empresa, poderá o Tribunal competente, na própria decisão, estender tais condições de trabalho, se julgar justo e conveniente, aos demais empregados da empresa que forem da mesma profissão dos dissidentes.
> Parágrafo único. O Tribunal fixará a data em que a decisão deve entrar em execução, bem como o prazo de sua vigência, o qual não poderá ser superior a 4 (quatro) anos. (Brasil, 1943)

5.3 Convenção e acordo coletivos de trabalho: distinções

Conforme explicamos anteriormente, a convenção e o acordo coletivos de trabalho distinguem-se em face dos sujeitos pactuantes e do âmbito de abrangência de suas regras jurídicas. Vejamos o que ensina Delgado (2019, p. 1653):

A CCT tem em seus polos subjetivos, necessariamente, entidades sindicais, representativas de empregados e empregadores, respectivamente. É pacto subscrito por sindicatos representativos de certa categoria profissional e sindicatos representativos da correspondente categoria econômica.

O ACT, ao revés, tem em um de seus polos subjetivos empregadores não necessariamente representados pelo respectivo sindicato. As empresas, individualmente ou em grupo, podem subscrever, sozinhas, acordos coletivos com o correspondente sindicato representativo de seus empregados. A presença sindical somente é obrigatória quanto ao sindicato representativo dos trabalhadores vinculados à(s) empresa(s) que assina(m) o acordo coletivo de trabalho.

Portanto, incialmente, há uma diferença relacionada ao âmbito de abrangência dos dois diplomas coletivos negociados. A convenção coletiva incide sobre um universo amplo, que tem como característica a base profissional e econômica representada pelos respectivos sindicatos, que devem respeitar as fronteiras máximas da base territorial. Dessa forma, as convenções abrangem todas as empresas e os respectivos empregados enquadrados nas categorias econômicas e profissionais. O acordo coletivo de trabalho, por sua vez, é mais restrito, atingindo apenas os empregados vinculados à empresa ou o conjunto de empresas que tenham subscrito os referidos diplomas. Esse recurso não influencia empresas não pactuantes, tampouco atinge os empregados destas, ainda que pertencentes à mesma categoria econômica e profissional.

5.4 Arbitragem e mediação no direito coletivo do trabalho

Na solução de conflitos na sociedade, a arbitragem tem força em diversos países, como os Estados Unidos. Esse mecanismo é utilizado nas áreas do direito comercial/empresarial, civil e trabalhista (Delgado, 2019). Ocorre que, no Brasil, não temos uma prática frequente para a arbitragem, mesmo sendo permitida e incentivada pelo direito. A mediação, técnica de aproximação das partes envolvidas em determinado conflito, sempre teve grande prestígio no país, inclusive no direito coletivo do trabalho (Delgado, 2019).

Como explicamos anteriormente, existem três modos de solucionar conflitos: autotutela, autocomposição e heterocomposição. Essencialmente, podemos afirmar que esses três grupos se diferenciam em relação aos sujeitos envolvidos na sistemática operacional existente no processo da solução conflituosa, como explica Delgado (2019, p. 45):

> Dessa forma, na autotutela e autocomposição são sujeitos originais em conflito que tendem a se relacionar para proceder com a extinção do conflito, originando um método de análise e solução da contenda autogerida pelas próprias partes.

Já na heterocomposição, como vimos, ocorre a intervenção de um terceiro na solução conflituosa, que ocasiona a transferência, em maior ou menor grau, para esse agente exterior, da direção dessa própria dinâmica.

Exercício resolvido

1. A arbitragem tem força na solução de conflitos em diversos países, como nos Estados Unidos. Entende-se por *situação* o evento em que as partes estabelecem, sem qualquer tipo de constrangimento, relações aceitáveis para todos de acordo com suas preferências individuais. Quando um conflito é resolvido, a situação permanece, desde que as partes estejam satisfeitas. Analise as assertivas a seguir e assinale a alternativa correta:
   a. A autotutela é composta por sujeitos originais em confronto e que tendem a se relacionar na busca pela extinção do conflito, dando origem a uma sistemática de análise e solução da controvérsia autogerida pelas próprias partes (Lei n. 9.307/1996).

b. A autocomposição se faz presente quando sujeitos originais em confronto tendem a se relacionar na busca pela extinção do conflito, dando origem a uma sistemática de análise e solução da controvérsia autogerida pelas partes (Lei n. 9.307/1996).
c. A heterocomposição se efetua quando sujeitos originais em confronto tendem a se relacionar na busca pela extinção do conflito, dando origem a uma sistemática de análise e solução da controvérsia autogerida pelas próprias partes (Lei n. 9.307/1996).
d. Na heterocomposição, ocorre a intervenção de um terceiro na solução conflituosa, que ocasiona a transferência, em maior ou menor grau, para esse agente exterior, da direção dessa própria dinâmica (Lei n. 9.307/1996).

Gabarito: d

Feedback **da atividade**: as alternativas de "a", "b" e "c" se confundem, pois estariam corretas desta forma: (a) É na autotutela e na autocomposição que sujeitos originais em confronto tendem a se relacionar na busca da extinção do conflito, dando origem a uma sistemática de análise e solução da controvérsia autogerida pelas próprias partes. (b) Uma situação de autotutela se caracteriza quando o próprio sujeito busca afirmar de maneira unilateral seus direitos, impondo-se, dessa maneira, à outra parte. (c) A autotutela é a permissão de coerção por um particular em defesa de seus interesses (Lei n. 9.307/1996).

Nas seções a seguir, vamos estudar detalhadamente cada um dos modos de resolução de conflitos anteriormente explorados.

5.4.1 Autotutela

Uma situação de autotutela se caracteriza quando o próprio sujeito busca afirmar unilateralmente seus direitos, impondo-se à outra parte. Trata-se da permissão de coerção por um particular, defendendo seus interesses.

Podemos ver, na atualidade, uma restrição ao exercício de autotutela, transferido para o Estado. Ensina Delgado (2019) que a força desse ente, aliada à consciência de sua função pacificadora, conduz à afirmação da quase absoluta exclusividade estatal no uso da força. A autotutela configura crime, quando praticada pelo particular ou pelo próprio Estado, nas seguintes hipóteses:

> Art. 345. **Fazer justiça pelas próprias mãos**, para satisfazer pretensão, embora legítima, salvo quando a lei o permite: Pena – detenção, de quinze dias a um mês, ou multa, além da pena correspondente à violência.
> Parágrafo único. Se não há emprego de violência, somente se procede mediante queixa.
> [...]
> Art. 350. **Ordenar ou executar medida privativa de liberdade individual**, sem as formalidades legais ou com abuso de poder:
> Parágrafo único. Na mesma pena incorre o funcionário que:
> I – ilegalmente recebe e recolhe alguém a prisão, ou a estabelecimento destinado a execução de pena privativa de liberdade ou de medida de segurança. (Brasil, 1940, grifo nosso)

Como vimos anteriormente, a greve corresponde, no direito do trabalho, a uma importante forma de exemplificar o uso da autotutela para solucionar os conflitos coletivos trabalhistas. Contudo, ela normalmente não completa seu ciclo, tendo em vista não impor à contraparte toda a solução do conflito, ou seja, o que ocorre de fato é que a greve passa a funcionar como mecanismo para pressionar na busca pela melhor maneira de solucionar conflitos na negociação coletiva em andamento ou a se iniciar.

5.4.2 Autocomposição

A autocomposição decorre da solução de conflitos pelas partes que dispensa a interferência de terceiros no processo de pacificação da controvérsia. Acontece quando uma das partes está descontente em relação a uma vantagem almejada em detrimento de outro; nessa situação, pode ocorrer por aceitação ou pela concessão recíproca. Em síntese, nesse caso, não há coerção por parte dos sujeitos envolvidos. De acordo com Delgado (2019), é composta pelas modalidades de renúncia, aceitação (ou resignação, ou, ainda, submissão) e transação.

- **Renúncia**: ocorre quando o titular de um direito dele se esbulha, por ato unilateral seu, em favor de alguém.
- **Aceitação**: acontece quando uma das partes reconhece o direito da outra, passando a conduzir-se em consonância com esse reconhecimento; também pode ser chamada de *composição*, para designar a aceitação ou reconhecimento do direito de outrem.
- **Transação**: ocorre quando as partes que se consideram titulares do direito solucionam o conflito mediante a implementação de concessões recíprocas.

É importante frisar que a renúncia, a aceitação e a transação acontecem no direito civil, nos âmbitos extraprocessuais ou endoprocessuais (Delgado, 2019). No direito do trabalho, voltado ao direito coletivo, há a importante modalidade de autocomposição denominada *negociação coletiva trabalhista*, que veremos detalhadamente adiante.

5.4.3 Heterocomposição

Ocorre quando o conflito só é solucionado por meio da intervenção de um agente estranho à relação conflituosa. Em outras palavras, na impossibilidade de ajustarem isoladamente o conflito, as partes, ou apenas uma delas, submetem a terceiro seu conflito, em busca de solução a ser por ele firmada ou, pelo menos, por ele instigada ou favorecida (Lei n. 9.307/1996).
De acordo com Delgado (2019, p. 1641),

> na heterocomposição também não há exercício de coerção pelos sujeitos envolvidos. Entretanto, pode haver, sim, exercício coercitivo pelo agente exterior ao conflito original – como se passa no caso da jurisdição.

> Portanto, a heterocomposição, em sua fórmula jurisdicional, distingue-se da autocomposição (e até mesmo das demais modalidades heterocompositivas) pelo fato de comportar exercício institucionalizado de coerção ao longo do processo de análise do conflito, assim como no instante de efetivação concreta do resultado final estabelecido.

A heterocomposição é composta pelas modalidades de jurisdição, arbitragem, conciliação e mediação.

- **Jurisdição**: sem dúvida, o mais importante método heterocompositivo de solução de conflitos interindividuais e sociais existente. Corresponde ao poder conferido ao Estado para revelar o direito incidente sobre determinada situação concreta trazida a seu exame, efetivando a solução jurídica encontrada a respeito. É por meio desse recurso que o Estado declara o direito e o concretiza, dando solução ao conflito posto sob seu exame. O resultado da jurisdição consuma-se através de sentença.

- **Arbitragem**: ocorre quando há a fixação de solução de conflitos entre as partes por meio da presença de um terceiro, chamado de *árbitro*, costumeiramente escolhido pelas partes. No Brasil, a arbitragem tem validade quando abordar o aceite de direitos patrimoniais disponíveis (Lei n. 9.307/1996), vejamos:

> Art. 1º As pessoas capazes de contratar poderão valer-se da arbitragem para dirimir litígios relativos a direitos patrimoniais disponíveis.
> § 1º A administração pública direta e indireta poderá utilizar-se da arbitragem para dirimir conflitos relativos a direitos patrimoniais disponíveis.
> § 2º A autoridade ou o órgão competente da administração pública direta para a celebração de convenção de arbitragem é a mesma para a realização de acordos ou transações. (Brasil, 1996)

Importante ressaltar que o árbitro não pode ser o juiz no exercício da função judicante; portanto, arbitragem não é jurisdição. O resultado da resolução do conflito por meio da arbitragem é definido pelo laudo arbitral, que é o ato pelo qual o árbitro decide o litígio que estava examinando.

- **Conciliação**: método de solução de conflitos em que as partes agem na composição, mas dirigidas por um terceiro, destituído do poder decisório final, que se mantém com os próprios sujeitos originais da relação jurídica conflituosa. Contudo, de acordo com Delgado (2019),

    > a força condutora dinâmica conciliatória por esse terceiro é real, muitas vezes conseguindo programar resultado que, originalmente, não era imaginado ou querido pelas partes. É de se ressaltar que a conciliação judicial trabalhista é um tipo de conciliação endoprocessual muito importante no Direito do Trabalho, ela acontece nas Varas do Trabalho, sob a direção do juiz do trabalho, nos processos judiciais postos a seu exame. (Delgado, 2019, p. 1735-1736)

- **Mediação**: meio pelo qual um terceiro auxilia as partes em conflito, despertando sua composição, para que seja decidida, porém, pelas próprias partes.

5.5 Diplomas negociais coletivos: convenção e acordo coletivos de trabalho

Os diplomas negociais coletivos se qualificam como dispositivos com especificidade e notoriedade no direito do trabalho dentro do universo jurídico dos dois últimos séculos. Esses recursos firmam um marco estabelecido no ramo jurídico trabalhista com relação a conceitos e sistemáticas clássicas do direito comum: eles privilegiam e somente são compreendidos em função da noção de coletividade, fazendo assim uma contraposição à hegemonia incontestável do ser individual no estuário civilista preponderante no universo jurídico.

Os países do Ocidente contam com diversos tipos de diplomas negociais coletivos, em face das circunstâncias sociojurídicas próprias a cada experiência histórica individualizada, mas guardam importantes características estruturais similares. No Brasil, hoje, formam o grupo institucionalizado de diplomas dessa natureza a convenção coletiva do trabalho e o acordo coletivo do trabalho (Delgado, 2019, p. 1651).

5.5.1 Convenção e acordo coletivos de trabalho: definição

A convenção coletiva de trabalho está definida pela CLT como um acordo com força normativa, no qual dois ou mais sindicatos representativos de categorias econômicas e profissionais definem as condições de trabalho que vão ser aplicadas nas respectivas representações e sobre as relações individuais de trabalho. Vejamos na íntegra o dispositivo que a regula:

> Art. 611. Convenção Coletiva de Trabalho é o acordo de caráter normativo, pelo qual dois ou mais Sindicatos representativos de categorias econômicas e profissionais estipulam condições de trabalho aplicáveis, no âmbito das respectivas representações, às relações individuais de trabalho.
> § 1º É facultado aos Sindicatos representativos de categorias profissionais celebrar Acordos Coletivos com uma ou mais empresas da correspondente categoria econômica,, os quais estipulem condições de trabalho, aplicáveis no âmbito da empresa ou das acordantes respectivas relações de trabalho.
> § 2º As Federações e, na falta desta, as Confederações representativas de categorias econômicas ou profissionais poderão celebrar convenções coletivas de trabalho para reger as relações das categorias a elas vinculadas, inorganizadas em Sindicatos, no âmbito de suas representações.
> (Brasil, 1943)

Desse modo, podemos concluir que a convenção é o resultado das negociações oriundas de entidades sindicais, independentemente de categoria. Do ponto de vista de Delgado (2019, p. 1652),

As convenções coletivas, embora de origem privada (normas autônomas), criam regras jurídicas, isto é, preceitos gerais, abstratos, impessoais, dirigidos a normatizar situações *ad futurum*. Correspondem, consequentemente, à noção de lei em sentido material, traduzindo ato-regra ou comando abstrato. São, desse modo, do ponto de vista substantivo (de seu conteúdo), diplomas desveladores de regras jurídicas típicas, tal como a sentença normativa.

Importante

De acordo com Delgado (2019), a convenção é o resultado das negociações oriundas de entidades sindicais, independentemente se dos empregados ou dos empregadores, e envolve toda a categoria, seja a profissional, seja a econômica, correspondente a empregados e empregadores, respectivamente.

> Do ponto de vista formal, convenções coletivas de trabalho como acordos de vontade entre sujeitos coletivos sindicais. Desse modo, inscrevem-se sim na mesma linha genérica dos negócios jurídicos privados bilaterais ou plurilaterais. Possuindo conformação estrutural dubiedade instigante: são contratos sociais, privados, mas que produzem regra jurídica, não apenas cláusulas obrigacionais. (Delgado, 2019, p. 49)

A CLT também define extensivamente o acordo coletivo de trabalho, determinando que é facultado aos sindicatos representativos de categorias profissionais celebrar acordos coletivos, com uma ou mais empresas da correspondente categoria econômica que estipulem condições de trabalho aplicáveis no âmbito da(s) organização(ões) acordante(s) às respectivas relações de trabalho. Vejamos na íntegra o dispositivo que a regula:

> Art. 611-A. A convenção coletiva e o acordo coletivo de trabalho têm prevalência sobre a lei quando, entre outros, dispuserem sobre:
> I – Pacto quanto à jornada de trabalho, observados os limites constitucionais;
> II – Banco de horas anual;
> III – intervalo intrajornada, respeitado o limite mínimo de trinta minutos para jornadas superiores a seis horas;

IV – Adesão ao Programa Seguro-Emprego (PSE), de que trata a Lei no 13.189, de 19 de novembro de 2015;
V – Plano de cargos, salários e funções compatíveis com a condição pessoal do empregado, bem como identificação dos cargos que se enquadram como funções de confiança;
VI – Regulamento empresarial;
VII – Representante dos trabalhadores no local de trabalho;
VIII – Teletrabalho, regime de sobreaviso, e trabalho intermitente;
IX – Remuneração por produtividade, incluídas as gorjetas percebidas pelo empregado, e remuneração por desempenho individual;
X – Modalidade de registro de jornada de trabalho;
XI – Troca do dia de feriado;
XII – Enquadramento do grau de insalubridade;
XII – Enquadramento do grau de insalubridade;
XIII – Prorrogação de jornada em ambientes insalubres, sem licença prévia das autoridades competentes do Ministério do Trabalho;
XIV – Prêmios de incentivo em bens ou serviços, eventualmente concedidos em programas de incentivo;
XV – Participação nos lucros ou resultados da empresa.
§ 1º No exame da convenção coletiva ou do acordo coletivo de trabalho, a Justiça do Trabalho observará o disposto no § 3º do art. 8º desta Consolidação.
§ 2º A inexistência de expressa indicação de contrapartidas recíprocas em convenção coletiva ou acordo coletivo de trabalho não ensejará sua nulidade por não caracterizar um vício do negócio jurídico.
§ 3º Se for pactuada cláusula que reduza o salário ou a jornada, a convenção coletiva ou o acordo coletivo de trabalho deverão prever a proteção dos empregados contra dispensa imotivada durante o prazo de vigência do instrumento coletivo.
§ 4º Na hipótese de procedência de ação anulatória de cláusula de convenção coletiva ou de acordo coletivo de trabalho, quando houver a cláusula compensatória, esta deverá ser igualmente anulada, sem repetição do indébito.
§ 5º Os sindicatos subscritores de convenção coletiva ou de acordo coletivo de trabalho deverão participar, como litisconsortes necessários, em ação individual ou coletiva, que tenha como objeto a anulação de cláusulas desses instrumentos. (Brasil, 1943)

Analisando o próprio texto da CLT, é possível definir *acordo coletivo de trabalho* como

o pacto de caráter normativo pelo qual um sindicato representativo de certa categoria profissional e uma ou mais empresas da correspondente categoria econômica estipulam condições de trabalho aplicáveis, no âmbito das respectivas empresas, às relações individuais de trabalho. (Delgado, 2019, p. 1652)

Para realizar o acordo coletivo de trabalho, não é necessário que o sindicato esteja presente no polo empresarial da contratação, mas é imprescindível que a pactuação obreira se firme por meio do respectivo sindicato.

Observando objetivamente, os preceitos do acordo coletivo têm estatuto óbvio de regras jurídicas. Isso ocorre não somente por considerarem os trabalhadores em caráter universal, mas também porque esses preceitos têm natureza geral, impessoal e abstrata.

Exercício resolvido

1. A convenção coletiva de trabalho é uma modalidade peculiar que decorre de um contrato celebrado entre os trabalhadores e os empregadores de uma empresa ou setor laboral. Trata-se de uma norma jurídica e fonte do direito do trabalho, que regula um conjunto de condições de trabalho aplicáveis a determinada área territorial e setor profissional, as quais são pactuadas entre os trabalhadores e a organização. É obrigatória e vincula ambas as partes, na medida em que o contrato de trabalho não pode estabelecer condições contrárias às regulamentadas no contrato, mesmo que se trate de um acordo entre o empregador e o empregado. Sobre o tema, analise as assertivas a seguir e assinale a alternativa correta:
   a. As convenções coletivas têm origem pública.
   b. As convenções coletivas criam preceitos pessoais.
   c. A CLT também define extensivamente a convenção coletiva de trabalho, determinando que é facultado aos sindicatos representativos de categorias profissionais celebrar acordos coletivos com uma ou mais empresas da correspondente categoria econômica, os quais estipulem condições de trabalho aplicáveis no âmbito da empresa ou das empresas acordantes às respectivas relações de trabalho.

d. As convenções coletivas são diplomas desveladores de inquestionáveis regras jurídicas, mesmo que existam também, em seu interior, cláusulas contratuais.

Gabarito: c

Feedback da atividade: a CLT também define extensivamente o acordo coletivo de trabalho, determinando que é facultado aos sindicatos representativos de categorias profissionais celebrar acordos coletivos, com uma ou mais empresas da correspondente categoria econômica, os quais estipulem condições de trabalho, aplicáveis no âmbito da empresa ou das empresas acordantes às respectivas relações de trabalho.

5.5.2 *Lockout* e greve

Com a negociação coletiva, cumprem-se objetivos gerais e específicos que geram pacificação no meio econômico-profissional em que incide. Todavia, durante uma negociação, os trabalhadores podem veicular instrumento direto de pressão e força, a greve, em ato aparentemente contraditório à própria ideia de pacificação. A greve ocorre como instrumento das incabíveis resistências à sua realização conciliatória. Trata-se de um mecanismo de autotutela dos interesses, instituto acolhido pelo Judiciário, um direito de causar prejuízos, por assim dizer.

A autotutela, correspondente ao exercício direto de coerção exercido pelos particulares, vem sendo restringida com o tempo. A respeito da greve, podemos aprender com Delgado (2019, p. 1698) o seguinte:

> Embora proibida nos primeiros tempos do sindicalismo e do Direito do Trabalho, assim como nas distintas experiências autoritárias vivenciadas ao longo dos últimos dois séculos, a greve afirmou-se nas sociedades democráticas como inquestionável direito dos trabalhadores. Essa sua afirmação, em um quadro de restrição geral à autotutela, justifica-se do ponto de vista histórico e lógico. É que se trata de um dos principais

mecanismos de pressão e convencimento possuído pelos obreiros, coletivamente considerados, em seu eventual enfrentamento à força empresarial, no contexto da negociação coletiva trabalhista. Destituir os trabalhadores das potencialidades de tal instrumento é tornar falacioso o princípio juscoletivo da equivalência entre os contratantes coletivos, em vista da magnitude dos instrumentos de pressão coletiva que são inevitavelmente detidos pelos empregadores.

No direito do trabalho, além da greve, existe o *lockout*, que corresponde a outro instrumento de autotutela, porém do polo empresarial, o qual tem sido absurdamente repelido pelas ordens jurídicas democráticas, pois corresponde à paralisação provisória das atividades da empresa, do estabelecimento ou do setor, realizada por determinação empresarial, com o objetivo de exercer pressões sobre os trabalhadores, frustrando negociação coletiva ou dificultando o atendimento a reivindicações coletivas obreiras (Delgado, 2019). Para existir, o *lockout* deve ter quatro elementos combinados:

Figura 5.1 – Elementos do *lockout*

Paralisação empresarial
Ato de vontade do empregador
Tempo de paralisação
Objetivos visados pela organização

Na verdade, o objetivo específico de estabelecer pressão sobre os trabalhadores é a principal diferença entre o *lockout* e outras paralisações empresariais decididas pelo empregador.

5.5.3 Greve: limites e requisitos

O instituto da greve está previsto na Lei n. 7.783, de 28 de junho de 1989, que determina:

> Art. 1º. É assegurado o direito de greve, competindo aos trabalhadores decidir sobre a oportunidade de exercê-lo e sobre os interesses que devam por meio dele defender.
> Parágrafo único. O direito de greve será exercido na forma estabelecida nesta Lei.
> Art. 2º. Para os fins desta Lei, considera-se legítimo exercício do direito de greve a suspensão coletiva, temporária e pacífica, total ou parcial, de prestação pessoal de serviços a empregador.
> Art. 3º. Frustrada a negociação ou verificada a impossibilidade de recursos via arbitral, é facultada a cessação coletiva do trabalho.
> Parágrafo único. A entidade patronal correspondente ou os empregadores diretamente interessados serão notificados, com antecedência mínima de 48 (quarenta e oito) horas, da paralisação. (Brasil, 1989)

Também podemos defini-la por meio da Constituição Federal de 1988 (CF/1988):

> Art. 9º. É assegurado o direito de greve, competindo aos trabalhadores decidir sobre a oportunidade de exercê-lo e sobre os interesses que devam por meio dele defender.
> § 1º A lei definirá os serviços ou atividades essenciais e disporá sobre o atendimento das necessidades inadiáveis da comunidade.
> § 2º Os abusos cometidos sujeitam os responsáveis às penas da lei. (Brasil, 1988)

Desse modo, conforme Delgado (2019), podemos concluir que a greve corresponde à paralisação coletiva provisória, parcial ou total, das atividades dos trabalhadores em face de seus empregadores ou tomadores de serviços, com o objetivo de exercer pressão sobre eles, visando à defesa ou conquista de interesses coletivos, ou com objetivos sociais mais amplos. A greve corresponde ao caráter coletivo do movimento; da sustação provisória de atividades laborativas como núcleo desse movimento, mesmo que seja associada a atos positivos concertados; do exercício direto de coerção, que representa; dos objetivos profissionais ou extraprofissionais aos quais serve; do enquadramento variável de seu prazo de duração.

- **Caráter coletivo do movimento:** a greve diz respeito a um movimento necessariamente coletivo. "Sustações individualizadas de atividades laborativas, ainda que formalmente comunicadas ao empregador como protesto em face de condições ambientais desfavoráveis na empresa, mesmo repercutindo entre os trabalhadores e respectivo empregador, não constituem, tecnicamente, movimento paredista. Este é, por definição, conduta de natureza grupal, coletiva" (Delgado, 2019, p. 1704).
- **Sustação de atividades contratuais:** a "greve tem seu núcleo situado em torno da sustação provisória de atividades laborativas pelos trabalhadores, em face de seu respectivo empregador ou tomador de serviços. Este é o núcleo do movimento: uma omissão coletiva quanto ao cumprimento das respectivas obrigações contratuais pelos trabalhadores" (Delgado, 2019, p. 1704).
- **Exercício coercitivo coletivo e direto:** a greve, conforme visto, é meio de autotutela, instrumento direto de pressão coletiva, aproximando-se do exercício direto das próprias razões efetivado por um grupo social. Em certa medida, é "direito de causar prejuízo". "O inegável caráter coercitivo da figura entra em choque, aparentemente, com o objetivo central com que tende a ser deflagrada, a negociação coletiva trabalhista" (Delgado, 2019, p. 1704).
- **Objetivos da greve:** a greve é um meio de pressionar e auferir determinado resultado graças à concessão da parte confrontada. Consiste em iniciativa de natureza econômico-profissional ou contratual trabalhista (Delgado, 2019).
- **Prazo de duração da greve:** regra geral, o mencionado prazo é tratado como suspensão do contrato de trabalho (art. 7º, Lei n. 7.783/1989). Os dias de paralisação, em princípio, não são pagos, não se computando para fins contratuais o mesmo período. Contudo, é vedada ao empregador a dispensa do trabalhador durante o período de afastamento (Delgado, 2019).

5.6 Condutas antissindicais

Já demonstramos, brevemente, o funcionamento do direito coletivo e o papel dos sindicatos e da união das classes de trabalhadores para a garantia dos direitos. Contudo, também é importante tratarmos das posturas sindicais e dos possíveis problema relacionados.

As condutas antissindicais podem acontecer em diversas fases, desde antes da contratação, sendo praticadas em sua maioria pelos próprios trabalhadores. A legislação vigente no Brasil – Constituição Federal e Consolidação das Leis do Trabalho – assegura o direito à livre associação sindical:

> Art. 1º. A República Federativa do Brasil, formada pela união indissolúvel dos Estados e Municípios e do Distrito Federal, constitui-se em Estado Democrático de Direito e tem como fundamentos:
> [...]
> XVII – é plena a liberdade de associação para fins lícitos, vedada a de caráter paramilitar;
> [...]
> (Brasil, 1988)
> [...]
> Art. 543. O empregado eleito para cargo de administração sindical ou representação profissional, inclusive junto a órgão de deliberação coletiva, não poderá ser impedido do exercício de suas funções, nem transferido para lugar ou mister que lhe dificulte ou torne impossível o desempenho das suas atribuições sindicais. (Brasil, 1943)

Devemos atentar às atividades nos espaços de trabalho que, à primeira vista, aparentam estar dentro da lei, porém podem estar servindo para tratamento discriminatório contra os empregados que participam das atividades sindicais.

De acordo com Delgado (2019), as condutas antissindicais enfraquecem os sindicatos e a liberdade de associação dos trabalhadores, impedindo-os de lutar por seus direitos e suas conquistas. Vejamos alguns casos:

> impedir ou dificultar o direito de greve;
> impedir ou dificultar direito a sindicalização;
> demissão, transferência de local de trabalho ou qualquer outra forma que dificulte ou impeça o associado ou dirigente de sua atividade sindical. (Delgado, 2019, p. 58)

Síntese

- O direito do trabalho está estruturado em torno dos seres coletivos trabalhistas e atua na estrita resolução dos conflitos coletivos relacionados às relações laborativas. Podemos dividi-los em conflitos de ordem jurídica ou de ordem econômica. As soluções desses conflitos estão pautadas em fórmulas de autocomposição e heterocomposição, em meio às quais eventualmente podem ser utilizadas técnicas de autotutela, como a greve, por exemplo.
- Os conflitos trabalhistas são os que atingem comunidades específicas dos trabalhadores ou dos empregados, ou, ainda, dos tomadores de serviços, desde o interior do estabelecimento ou da empresa até aos conflitos que abarquem a categoria ou a comunidade obreira mais ampla.
- Os conflitos de trabalho são solucionados por meio de fórmulas autocompositivas ou heterocompositivas. A autocomposição ocorre quando as partes coletivas contrapostas conseguem ajustar suas divergências com autonomia, por atuação própria, celebrando documento pacificador, que é o diploma coletivo negociado. Trata-se, pois, da negociação coletiva trabalhista.

A heterocomposição ocorre quando as partes coletivas contrapostas não conseguem ajustar suas divergências com autonomia, necessitando, assim, que um terceiro conduza a resolução do conflito ou, ainda, quando as partes não conseguem impedir que o terceiro intervenha, em razão do impasse. São fórmulas heterocompositivas a arbitragem e o processo judicial próprio do sistema trabalhista brasileiro, chamado de *dissídio coletivo*, uma das formas de resolução de conflitos coletivos trabalhistas e figura singular do direito do trabalho brasileiro atual.

- Ocorre a autotutela quando o próprio sujeito busca afirmar unilateralmente seus direitos, impondo-se, desse modo, à outra parte. A autotutela é a permissão de coerção por um particular, em defesa de seus interesses. Atualmente, encontramos na cultura uma restrição ao exercício de autotutela, sendo transferido ao Estado o exercício das diversas formas de coerção. A autocomposição ocorre quando o conflito é solucionado pelas próprias partes, sem intervenção de outros agentes no processo de pacificação da controvérsia. A autocomposição decorre do descontentamento unilateral em favor de outrem da vantagem por este almejada, podendo ocorrer por aceitação ou pela concessão recíproca por elas efetuada. A heterocomposição ocorre quando o conflito só é solucionado através da intervenção de um agente exterior à relação conflituosa, ou seja, na impossibilidade de ajustarem isoladamente o conflito, as partes, ou apenas uma das partes, submetem a terceiro seu conflito, em busca de solução a ser por ele firmada ou, pelo menos, por ele instigada ou favorecida.
- Os diplomas negociais coletivos se qualificam como dispositivos com especificidade e notoriedade no direito do trabalho dentro do universo jurídico dos dois últimos séculos. A CLT define *convenção coletiva de trabalho* como o acordo de caráter normativo pelo qual dois ou mais sindicatos representativos de categorias econômicas e profissionais estipulam condições

de trabalho aplicáveis, no âmbito das respectivas representações, às relações individuais de trabalho. O diploma legal citado também define extensivamente o acordo coletivo de trabalho, determinando que é facultado aos sindicatos representativos de categorias profissionais celebrar acordos coletivos, com uma ou mais empresas da correspondente categoria econômica, os quais estipulem condições de trabalho, aplicáveis no âmbito da empresa ou das empresas acordantes às respectivas relações de trabalho.
- A greve é um mecanismo de autotutela dos interesses, instituto acolhido pelo Judiciário, podemos afirmar que é o direito de causar prejuízos. Da autotutela, fazem parte a greve e o *lockout*. Este último corresponde à paralisação provisória das atividades da empresa, estabelecimento ou seu setor, realizada por determinação empresarial, com o objetivo de exercer pressões sobre os trabalhadores, frustrando negociação coletiva ou dificultando o atendimento a reivindicações coletivas obreiras.
- A greve corresponde à paralisação coletiva provisória, parcial ou total das atividades dos trabalhadores em face de seus empregadores ou tomadores de serviços, com o objetivo de exercer-lhes pressão, visando à defesa ou conquista de interesses coletivos, ou com objetivos sociais mais amplos.
- As condutas antissindicais podem acontecer em diversas fases, desde antes da contratação, sendo praticadas, em sua maioria, pelos próprios trabalhadores. A legislação vigente no Brasil assegura o direito à livre associação sindical, conforme estabelecem a CF/1988 e a CLT.

EXTINÇÃO E RESCISÃO DO CONTRATO DE TRABALHO

6

INTRODUÇÃO DO CAPÍTULO:

Neste capítulo, nossos objetivos são os seguintes:

- Apresentar a extinção do contrato de trabalho, evidenciando que, assim como nos negócios jurídicos em geral, o contrato de trabalho começa a existir em determinado instante, cumprindo-se parcialmente ou de modo integral e sofrendo alterações com decorrer do tempo, por fim, chegando à extinção e deixando de existir. O término do contrato de trabalho tem grande relevância no direito de trabalho e, por esse motivo, vamos nos aprofundar nesse assunto.
- Analisar vários aspectos jurídicos, desde os princípios aplicáveis a essa fase do contrato de emprego até as as diversas modalidades de terminação contratual e os respectivos efeitos jurídicos. Os princípios atuam na compreensão das regras de direito positivo, seja estendendo ou restringindo o direito, seja assumindo a integralidade de seu papel de norma jurídica. Dessa forma, os princípios não podem deixar de agir com todo o seu potencial; são eles: princípio da continuidade da relação de emprego; princípio das presunções favoráveis ao trabalhador; princípio da norma mais favorável.
- Destacar de que maneira era a assistência do sindicato na rescisão do contrato de trabalho e como está ocorrendo pós-Reforma Trabalhista (Lei n. 13.467/2017). As inovações provenientes dessa reforma na legislação ocorreram especialmente em três campos combinados: direito individual do trabalho, direito coletivo do trabalho e direito processual do trabalho.
- Abordar os impactos advindos da Reforma Trabalhista nos sindicatos e nas negociações coletivas.

CONTEÚDOS DO CAPÍTULO:

- Extinção do contrato de trabalho.
- Assistência do sindicato na rescisão do contrato de trabalho.
- Impactos da Reforma Trabalhista nos sindicatos.
- Impactos da Reforma Trabalhista nas negociações coletiva.

APÓS O ESTUDO DESTE CAPÍTULO, VOCÊ SERÁ CAPAZ DE:

1. tipificar a extinção do contrato de trabalho;
2. contextualizar a assistência do sindicato na rescisão do contrato de trabalho;
3. identificar impactos da Reforma Trabalhista nos sindicatos;
4. comentar os impactos da Reforma Trabalhista nas negociações coletivas.

6.1 Extinção do contrato de trabalho

Assim como nos negócios jurídicos em geral, o contrato de trabalho começa a existir em um instante determinado, cumprindo-se parcialmente ou de modo integral e sofrendo alterações com decorrer do tempo, por fim, chegando à extinção e deixando de existir. Sabemos que o término do contrato de trabalho tem grande relevância no direito de trabalho. A esse respeito, podemos aprender com Delgado (2019, p. 1310) que:

> Na verdade, o ramo justrabalhista, pelo menos em suas versões clássicas, antes da borrasca avassaladora da desregulamentação das políticas sociais deflagrada no último quartel do século XX no Ocidente, sempre atuou em sentido contrário à terminação do contrato empregatício. É que este fato transcende o mero interesse individual das partes, uma vez que tem reflexos no âmago da estrutura e dinâmica sociais: afinal, o desemprego não pode e não deve interessar à sociedade, ao menos em contextos de convivência e afirmação democráticas. Em uma Democracia, todos os indivíduos são sujeitos de direitos, e a todos deve ser assegurada a dignidade, independentemente de sua riqueza pessoal ou familiar. Assim, o trabalho com garantias mínimas – que no mundo capitalista tem se traduzido no emprego, ao menos para os despossuídos de poder socioeconômico – torna-se, na prática, o grande instrumento de alcance do plano social da dignidade humana. Ou seja, torna-se o instrumento basilar de afirmação pessoal, profissional, moral e econômica do indivíduo no universo da comunidade em que se insere. Por isso, tradicionalmente, no Direito do Trabalho sempre vigorou o princípio da conservação do contrato, da continuidade da relação de emprego: preserva-se o vínculo juslaborativo, desde que a dispensa não se funde em causa jurídica relevante. Mesmo em ordens jurídicas que não concretizam esse princípio em todas as suas potencialidades, autorizando, por exemplo, a dispensa do empregado como mera prerrogativa potestativa do empregador – como a brasileira, a propósito –, não se pode negar a importância sociojurídica do fato da extinção do contrato, com restrições ainda significativas que o Direito do Trabalho procura a ele antepor.

Ao analisar o término do contrato de trabalho, abordaremos vários aspectos jurídicos, desde os princípios aplicáveis a essa fase do contrato de emprego até as diversas modalidades de término do contrato e respectivos efeitos jurídicos.

O término do contrato de trabalho pode ser ocasionado por ato lícito das partes, definido no sistema jurídico brasileiro, que contempla a dispensa sem justa causa, as dispensas motivadas, mas sem culpa por parte do trabalhador, e o pedido de rescisão do contrato por parte do empregado, a ser analisado pela ótica do distrato. Há, ainda, o término do contrato por ato culposo do empregado, que engloba a dispensa por justa causa e a rescisão contratual indireta.

6.1.1 Extinção contratual: princípios aplicáveis

Como já tratamos dos princípios sindicais em capítulo anterior, estudaremos brevemente de que maneira eles podem influenciar a rescisão de trabalho. Esses conceitos são utilizados na compreensão das regras de direito positivo, seja estendendo ou restringindo o direito, seja assumindo a integralidade de seu papel de norma jurídica. Dessa maneira, os princípios não podem deixar de agir com todo o seu potencial.

Os princípios mais atuantes na fase rescisória do contrato de trabalho são: princípio da continuidade da relação de emprego; princípio das presunções favoráveis ao trabalhador; princípio da norma mais favorável. Vamos estudá-los?

6.1.2 Princípio da continuidade da relação de emprego

Também chamado de *princípio da conservação do contrato*, corresponde ao interesse do direito do trabalhador de conservação do vínculo empregatício, integrando o obreiro na estrutura e na dinâmica existente no âmbito empresarial. Assim, pode ser cumprido com satisfação o objetivo do direito do trabalho, que corresponde à promoção das melhores condições de pactuação e gerenciamento da força de trabalho na sociedade. Além disso, a sociedade não se interessa pelo desemprego, tendo em vista que o fenômeno produz enorme impacto negativo, de múltiplas dimensões, sobre a pessoa do trabalhador atingido; porém contamina, na mesma profundidade, o âmbito comunitário que cerca o desempregado, em especial sua família.

Tratando-se de desemprego maciço, o impacto atinge toda a sociedade, com a desestruturação do sistema de convivência interindividual e comunitária e o agravamento das demandas sobre o sistema estatal de seguridade e previdência sociais.

> A par disso, o desemprego acentua a diferenciação social, alargando a chaga da exclusão de pessoas e grupos sociais, que tanto conspira contra a Democracia. Mais ainda, esse fenômeno acaba por colocar todo o sistema econômico em perigosa antítese ao papel social que a ordem jurídica determina seja exercitada pela propriedade. (Delgado, 2019, p. 1312)

Podemos concluir que o princípio da continuidade da relação de emprego faz parte da ordem jurídica, levando-se em conta que a extinção contratual ultrapassa o simples interesse individual das partes, pois já explicamos que o desemprego pode afetar negativamente toda uma sociedade. Nesse caso, o direito do trabalho tem por objetivo privilegiar a permanência da relação empregatícia, contingenciando as modalidades de ruptura do contrato de trabalho que não se fundamentem em causa jurídica tida como relevante.

Exemplificando

O princípio da continuidade da relação de emprego, no direito brasileiro, teve ampla aplicabilidade no modelo jurídico trabalhista estruturado nas décadas de 1930 e 1940. O sistema celetista tradicional era um verdadeiro elogio ao mencionado princípio. De um lado, previa significativo e crescente contingenciamento econômico-financeiro às dispensas sem justa causa em contratos superiores a um ano, por meio de uma indenização rescisória, que era calculada segundo o período contratual do empregado (caput dos arts. 477 e 478, CLT, hoje revogados tacitamente). De outro lado, a partir do décimo ano de contrato (período encurtado para nove anos pela prática jurisprudencial trabalhista da época: antigo Enunciado n. 26, TST), a dispensa injusta tornava-se juridicamente inviável, em face da estabilidade no emprego assegurada pela regra heterônoma trabalhista (arts. 492 a 500, CLT) (Delgado, 2019).

Apesar de todos os contratempos existentes na história desse princípio, ele ainda assim exerce, mesmo hoje, razoável importância na ordem justrabalhista brasileira, gerando presunções favoráveis aos trabalhadores.

Ademais, torna regra geral os contratos de duração indeterminada no tempo, mantendo como excetivos no direito do trabalho os contratos a termo (cujo término já é prefixado desde a data de seu próprio nascimento).

6.1.3 Princípio das presunções favoráveis ao trabalhador

Esse princípio também se faz presente quando tratamos das dissoluções de contratos de trabalho. Estabelece que a duração da relação de emprego é indeterminada no tempo para as situações em que não for comprovado como contrato a termo. Existe um favoritismo no direito brasileiro pelos contratos por tempo indeterminado, o que influencia o ato do fim do contrato, tendo em vista que a rescisão do vínculo por tempo indeterminado tem maior variação e mais vantagens do que as dos contratos a termo.

Verifica-se também como presumida a continuidade da relação empregatícia caso não comprovado (ou incontroverso) seu rompimento, ou seja, o princípio das presunções favoráveis ao trabalhador lança para o ônus da defesa empresarial a prova de ruptura do vínculo empregatício, em contextos processuais de controvérsia sobre o fato.

Encontramos o princípio das presunções favoráveis ao trabalhador claramente incorporado pela jurisprudência trabalhista do país na Súmula n. 212, TST, vejamos: "O ônus de provar o término do contrato de trabalho, quando negados a prestação de serviço e o despedimento, é do empregador, pois o princípio da continuidade da relação de emprego constitui presunção favorável ao empregado" (Brasil, 2003).

6.1.4 Princípio da norma mais favorável

Esse princípio busca elevar as condições de pactuação da força de trabalho no sistema socioeconômico.

Aprendemos com Delgado (2019) que o princípio da norma mais favorável é atuante na tríplice dimensão, ou seja, na fase anterior à elaboração da regra, há o critério de política legislativa, que influencia a construção do direito do trabalho; na fase propriamente jurídica, atua como critério hierárquico de regras jurídicas ou como diretriz interpretativa das regras, acentuando a necessidade de cumprimento dos fins essenciais do ramo jurídico trabalhista; e no contexto da relação de trabalho, age concedendo suporte à prevalência dos contratos de duração indeterminada, opondo-se aos contratos a termo e concedendo respaldo ao conjunto de presunções favoráveis ao obreiro no que diz respeito à continuidade da relação empregatícia e à forma de sua dissolução.

Exercício resolvido

1. Assim como nos negócios jurídicos em geral, o contrato de trabalho começa a existir em instante determinado, cumprindo-se parcialmente ou de modo integral e sofrendo alterações com decorrer do tempo, por fim, chegando à extinção e deixando de existir. Os princípios que regem a extinção do contrato de trabalho atuam na compreensão das regras de direito positivo, seja estendendo ou restringindo o direito, seja assumindo a integralidade de seu papel de norma jurídica. Desse modo, os princípios não podem deixar de agir com todo o seu potencial. Assinale a alternativa **incorreta** sobre os referidos princípios:

   a. Também chamado de *princípio da continuidade da relação de emprego*, o princípio da conservação do contrato corresponde ao interesse do direito do trabalho na conservação do vínculo empregatício, com a integração do trabalhador na estrutura e dinâmica empresariais. Dessa forma é que a ordem justrabalhista poderia cumprir, satisfatoriamente, o objetivo teleológico do direito do trabalho de assegurar melhores condições de pactuação e gerenciamento da força de trabalho em determinada sociedade.

   b. O princípio das presunções favoráveis ao trabalhador faz parte da ordem jurídica, em que a extinção contratual ultrapassa o simples interesse individual das partes, pois o desemprego pode afetar negativamente toda uma sociedade. Portanto, o direito do trabalho tem por objetivo privilegiar a permanência da relação empregatícia, contingenciando as modalidades de ruptura do contrato de trabalho que não se fundamentem em causa jurídica tida como relevante.

c. O princípio das presunções favoráveis ao trabalhador é encontrado nas dissoluções de contratos de trabalho, segundo o qual se presume indeterminada no tempo a duração da relação de emprego caso não comprovado tratar-se de contrato a termo, excepcionalmente autorizados pela ordem justrabalhista.
d. O princípio das presunções favoráveis ao trabalhador é claramente incorporado pela jurisprudência trabalhista do país na Súmula n. 212 do TST.

Gabarito: b

Feedback **da atividade:** a alternativa "b" está incorreta, pois é o princípio da continuidade da relação de emprego que estabelece que a extinção contratual ultrapassa o simples interesse individual das partes, já que que o desemprego pode afetar negativamente toda uma sociedade. Portanto, o direito do trabalho tem por objetivo privilegiar a permanência da relação empregatícia, contingenciando as modalidades de ruptura do contrato de trabalho que não se fundamentem em causa jurídica tida como relevante, e não o princípio das presunções favoráveis ao trabalhador.

6.2 Assistência do sindicato na rescisão do contrato de trabalho

O modelo sindical no Brasil exige que haja diferenciação entre o direito coletivo e o direito individual do trabalho, especialmente no modelo sindical e no conjunto do sistema trabalhista característico do país.
Os pilares do modelo trabalhista tradicional, como exaustivamente exposto, eram essencialmente cinco:

1. Uma estrutura sindical corporativista, fundada no parâmetro da categoria e umbilicalmente atada ao Estado, quer pelo controle exercido pelo Ministério do Trabalho, quer pelos distintos canais de integração das burocracias sindicais à burocracia pública.
2. Um Ministério do Trabalho, órgão do Poder Executivo, gerenciador e interventor do sistema, em especial no tocante ao sindicalismo.
3. Um ramo especializado do Judiciário incumbido de realizar forte intervenção nas questões coletivas das categorias profissionais, por meio do processo de dissídio coletivo e sua sentença normativa, além de incorporar parte significativa das burocracias sindicais (representação classista).
4. Um sistema previdenciário organizado por categorias profissionais (Institutos de Aposentadorias e Pensões), também incorporando as burocracias sindicais.
5. Uma legislação econômico-profissional reguladora dos contratos de emprego (Delgado, 2019).

O sistema sindical, como exposto, teve ascensão desde a década de 1930 até a reforma da CLT, tendo em vista as alterações que ocorreram e que modificaram a função e as necessidades dos sindicatos perante os trabalhadores.

Importante ressaltar que, exceto o sistema sindical, tudo isso já foi objeto de superação e mudanças, em decorrência do processo de renovação da ordem jurídica brasileira deflagrado pela Constituição de 1988 e aprofundado pelas Emendas Constitucionais n. 24, de 9 de dezembro de 1999, e n. 45, de 30 de dezembro de 2004, conforme já estudamos em capítulo anterior.

Anteriormente à Reforma Trabalhista, era o sindicato da categoria que assegurava ao trabalhador que seus direitos trabalhistas seriam cumpridos e que todos os valores e descontos estariam corretos no momento de homologar uma rescisão do contrato de trabalho.

A efetivação do término de contrato trabalhista individual para um contrato com duração acima de um ano deve ocorrer, obrigatoriamente, perante o sindicato da categoria profissional ou órgão superior do Trabalho; na falta deles, pode prestar assistência o representante do Ministério Público ou da Defensoria Pública, em lugares que houver, e o juiz de paz, na ausência ou no impedimento das autoridades anteriormente citadas.

Com a nova Reforma Trabalhista e a não obrigatoriedade de o trabalhador/empregado estar filiado ao sindicato, essas exigências deixaram de existir. A CLT confere ao trabalhador o direito de levar um advogado no momento da rescisão, porém é difícil ver um trabalhador demitido ter recursos para contratar um profissional da área trabalhista para que o acompanhe na conferência desses valores.

6.3 Considerações sobre a Lei n. 13.467/2017

No período em que a referida lei foi promulgada, sobreveio no Brasil uma enorme quantidade de reformas jurídicas, com privatizações de instituições públicas, restrições às políticas públicas de caráter social e impulso a diferentes medidas de favorecimento unilateral do poder econômico.

O que é

A Reforma Trabalhista brasileira de 2017 foi elaborada em poucos meses: o projeto de lei foi enviado pela Presidência da República ao Parlamento nos últimos dias de 2016, transformando-se, em exíguos meses de tramitação – de fevereiro a julho –, na Lei n. 13.467, de 13 de julho de 2017, vigorante desde o dia 11 de novembro do mesmo ano. Em 14 de novembro, recebeu o novo diploma legal pontuais alterações por intermédio da Medida Provisória n. 808, de 14 de novembro de 2017 – cujas regras vigoraram, porém, apenas de 14 de novembro de 2017 até 23 abril de 2018 (Delgado, 2019).

As inovações provenientes da Reforma Trabalhista ocorreram especialmente em três campos combinados: direito individual do trabalho, direito coletivo do trabalho e direito processual do trabalho. No direito individual do trabalho, houve eliminação, desregulamentação e flexibilização de diversas parcelas trabalhistas que acarretaram a redução do valor trabalho na economia e na sociedade e, assim, do valor do trabalho para a economia. Apesar de estarmos constantemente buscando simplificar, desburocratizar, racionalizar, modernizar e promover segurança jurídica na relação de emprego, não podemos deixar de encarar o fato de que a maioria das inovações produzem debilidades nos direitos e nas garantias trabalhistas, intensificando os poderes contratuais do empregador na relação de emprego e reduzindo drasticamente os custos da contratação do trabalho humano pelo poder econômico.
Assim ensina Delgado (2019, p. 122-123):

> Uma rápida síntese das mudanças no campo do Direito Individual do Trabalho (tomando-se como base estritamente o texto da Lei n. 13.467/17): em primeiro lugar, a busca da eliminação ou, pelo menos, atenuação, da clássica correlação trabalhista, enfatizada por Convenções da OIT e pela Constituição de 1988, entre o tempo do trabalho ou de disponibilidade do trabalhador perante o empregador e as condições contratuais, inclusive a retribuição salarial obreira. Isso envolve, por exemplo: a) exclusão do conceito de "tempo à disposição" no tocante a vários lapsos temporais em que o trabalhador já se encontra dentro dos limites físicos do estabelecimento empresarial (novo texto do art. 4º, §§ 1º e 2º da CLT); b) a eliminação das horas initinere da CLT (novo texto do § 2º do art. 58 da CLT, com a revogação do § 3º desse mesmo preceito legal); c) a desregulamentação e/ou flexibilização das regras concernentes à jornada de trabalho, em sentido menos favorável do que o anteriormente dominante; d) o incentivo legal à contratação autônoma, em contraponto à contratação empregatícia (novo art. 442-B da CLT); e) a criação do "contrato de trabalho intermitente", pelo qual se imagina a viabilidade formal e concreta da existência de um contrato empregatício até mesmo praticamente sem jornada e sem salário (art. 443, caput e § 3º, c./c. art. 452-A, caput e §§ 1º até 9º, todos da CLT). Em segundo lugar, cite-se também a busca da desconexão entre as regras de duração do trabalho e as regras inerentes à saúde e segurança laborativas. Isso envolve, por exemplo: a) permissão para a pactuação meramente bilateral da jornada de plantão 12 X 36 horas relativamente às situações que envolvam ambientes

insalubres e perigosos, desde que situados no setor empresarial de saúde (novo art. 59-A, caput e parágrafo único, CLT); b) a exclusão da natureza salarial dos intervalos trabalhistas (novo texto do § 4º do art. 71 da CLT); c) a explícita exclusão das regras sobre duração do trabalho e intervalos trabalhistas do campo das normas de saúde, higiene e segurança do trabalho (novo art. 611-B, parágrafo único, CLT). Em terceiro lugar, mencione-se o enfraquecimento e a descaracterização do salário do empregado. Isso envolve, ilustrativamente: a) criação do "contrato de trabalho intermitente" (art. 443, caput e § 3º, c./c. art. 452-A, caput e §§ 1º até 9º, CLT); b) exclusão da natureza salarial de distintas parcelas contratuais trabalhistas (novo texto do art. 457, CLT); c) eliminação da possibilidade de incorporação, pela média, da gratificação percebida por dez anos ou mais no contrato de trabalho (novo § 2º do art. 468 da CLT). Em quarto lugar, aponte-se a inserção de situações novas propiciadoras de discriminação direta ou indireta dos empregados no contexto empregatício. Esse aspecto reporta-se, por exemplo, aos seguintes pontos: a) eliminação de proteções normativas ao empregado relativamente melhor remunerado, submetendo-o a grave segregação no cenário contratual empregatício (novo parágrafo único do art. 444 da CLT); b) diminuição das garantias antidiscriminatórias no contexto da equiparação salarial (novo texto do art. 461 da CLT); c) permissão para a pactuação da arbitragem nas relações de trabalho (novo art. 507-A da CLT); d) alargamento e maior desregulamentação da terceirização trabalhista (nova redação para a Lei n. 6.019/1974). Em quinto lugar, ressaltem-se as diversas situações de exacerbação do poder empregatício pelo empregador na relação de emprego, constantes dos preceitos legais acima elencados, a que se acrescem as regras de enfraquecimento dos sindicatos no mundo do trabalho no País (estas últimas, indicadas logo a seguir). Em sexto lugar, enfatizem-se as restrições quanto à regulamentação dos danos morais e materiais na seara das relações de trabalho (novo Título II-A da CLT, art. 223-A até art. 223-G). Em sétimo lugar, indiquem-se os inúmeros dispositivos e institutos que viabilizam o solapamento de direitos, garantias e proteções trabalhistas no curso e no encerramento do contrato empregatício (alguns já mencionados nos elencos supra referidos). Nessa linha, por exemplo: a) permissão para a celebração de termo anual de quitação de obrigações trabalhistas (novo art. 507-B da CLT); b) permissão para a pactuação da arbitragem nas relações de trabalho (novo art. 507-A da CLT); c) alargamento e maior desregulamentação da terceirização trabalhista; d) eliminação de proteções normativas ao empregado relativamente mais qualificado e relativamente melhor remunerado (novo parágrafo único do art. 444 da CLT); e) eliminação de formalidades e proteções rescisórias ao empregado com mais de um ano de contrato (novo texto do art. 477 da CLT); f) igualação jurídica entre as dispensas individuais, plúrimas e coletivas (novo art. 477-A da CLT). Também em uma rápida síntese, descrevam-se os aspectos deletérios impostos pela Lei n. 13.467/2017 no que diz respeito ao Direito Coletivo do Trabalho.

Dessa forma, estamos diante da fraqueza sindical do sistema trabalhista brasileiro, tendo em vista a supressão da obrigatoriedade da contribuição sindical sem transição temporal.

Exercícios resolvidos

1. As inovações provenientes da Reforma Trabalhista de 2017 ocorreram especialmente em três campos combinados: direito individual do trabalho, direito coletivo do trabalho e direito processual do trabalho. No que diz respeito a esse contexto, avalie as assertivas a seguir e assinale a alternativa correta:
    a. No direito coletivo do trabalho, houve eliminação, desregulamentação e flexibilização de diversas parcelas trabalhistas que acarretaram a diminuição do valor trabalho na economia e na sociedade e, em decorrência, o custo trabalhista para o poder econômico.
    b. Embora, eufemisticamente, argumente-se pela simplificação, desburocratização, racionalização e modernização, além da busca de maior segurança jurídica no contexto da relação empregatícia, o fato é que as inovações, em sua maioria, fortalecem, direta ou indiretamente, os direitos e as garantias trabalhistas, bem como exacerbam os poderes contratuais do empregador na relação de emprego e aumentam, acentuadamente, os custos da contratação do trabalho humano pelo poder econômico.
    c. Não houve a busca da eliminação ou, pelo menos, atenuação, da clássica correlação trabalhista, enfatizada por Convenções da Organização Internacional do Trabalho (OIT) e pela Constituição de 1988.

d. Instaurou-se o alargamento e a desregulamentação da terceirização trabalhista, bem como a eliminação de proteções normativas ao empregado relativamente mais qualificado e relativamente mais bem remunerado.

Gabarito: d

Feedback **da atividade:** a alternativa "d" está correta. Quanto às demais alternativas, elas estariam corretas desta forma: (a) No direito individual do trabalho, houve eliminação, desregulamentação e flexibilização de diversas parcelas trabalhistas que acarretaram a diminuição do valor trabalho na economia e na sociedade e, em decorrência, o custo trabalhista para o poder econômico; (b) Embora, eufemisticamente, argumente-se pela simplificação, desburocratização, racionalização e modernização, além da busca de maior segurança jurídica no contexto da relação empregatícia, o fato é que as inovações, em sua maioria, debilitam, direta ou indiretamente, os direitos e as garantias trabalhistas, exacerbam os poderes contratuais do empregador na relação de emprego e diminuem, acentuadamente, os custos da contratação do trabalho humano pelo poder econômico; (c) Houve, sim, a busca da eliminação ou, pelo menos, atenuação, da clássica correlação trabalhista, enfatizada por Convenções da OIT e pela Constituição de 1988.

O enfraquecimento do sindicalismo decorre, especialmente, da falta de regulamentação da contribuição assistencial ou negocial, conhecida pelo epíteto de *cota de solidariedade*, que não foi efetivada pela Lei da Reforma Trabalhista. Ocorreu o contrário, tendo em vista que a Reforma Trabalhista proibiu desconto salarial para gerar a contribuição negocial, caso trabalhadores não associados não expressem anuência prévia e expressa, também há vedação:

Art. 611-B. Constituem objeto ilícito de convenção coletiva ou de acordo coletivo de trabalho, exclusivamente, a supressão ou a redução dos seguintes direitos:
I – Normas de identificação profissional, inclusive as anotações na Carteira de Trabalho e
II – Seguro-desemprego, em caso de desemprego involuntário;
III – valor dos depósitos mensais e da indenização rescisória do Fundo de Garantia do Tempo de Serviço
IV – Salário-mínimo;
V – Valor nominal do décimo terceiro salário;
VI – Remuneração do trabalho noturno superior à do diurno;
VII – proteção do salário na forma da lei, constituindo crime sua retenção dolosa;
VIII – Salário-família;
IX – Repouso semanal remunerado;
X – Remuneração do serviço extraordinário superior, no mínimo, em 50% (cinquenta por cento) à do normal;
XI – Número de dias de férias devidas ao empregado;
XII – Gozo de férias anuais remuneradas com, pelo menos, um terço a mais do que o salário normal;
XIII – Licença-maternidade com a duração mínima de cento e vinte dias;
XIV – Licença-paternidade nos termos fixados em lei;
XV – Proteção do mercado de trabalho da mulher, mediante incentivos específicos, nos termos da lei;
XVI – Aviso prévio proporcional ao tempo de serviço, sendo no mínimo de trinta dias, nos termos da lei;
XVII – Normas de saúde, higiene e segurança do trabalho previstas em lei ou em normas regulamentadoras do Ministério do Trabalho;
XVIII – Adicional de remuneração para as atividades penosas, insalubres ou perigosas;
XIX – Aposentadoria;
XX – Seguro contra acidentes de trabalho, a cargo do empregador;
XXI – Ação, quanto aos créditos resultantes das relações de trabalho, com prazo prescricional de cinco anos para os trabalhadores urbanos e rurais, até o limite de dois anos após a extinção do contrato de trabalho;
XXII – Proibição de qualquer discriminação no tocante a salário e critérios de admissão do trabalhador com deficiência;
XXIII – proibição de trabalho noturno, perigoso ou insalubre a menores de dezoito anos e de qualquer trabalho a menores de dezesseis anos, salvo na condição de aprendiz, a partir de quatorze anos;
XXIV – Medidas de proteção legal de crianças e adolescentes;
XXV – Igualdade de direitos entre o trabalhador com vínculo empregatício permanente e o trabalhador avulso;

XXVI – Liberdade de associação profissional ou sindical do trabalhador, inclusive o direito de não sofrer, sem sua expressa e prévia anuência, qualquer cobrança ou desconto salarial estabelecidos em convenção coletiva ou acordo coletivo de trabalho;
XXVII – Direito de greve, competindo aos trabalhadores decidir sobre a oportunidade de exercê-lo e sobre os interesses que devam por meio dele defender;
XXVIII – Definição legal sobre os serviços ou atividades essenciais e disposições legais sobre o atendimento das necessidades inadiáveis da comunidade em caso de greve;
XXIX – Tributos e outros créditos de terceiros;
XXX – As disposições previstas nos arts. 373-A, 390, 392, 392-A, 394, 394-A, 395, 396 e 400 desta Consolidação.
Parágrafo único. Regras sobre duração do trabalho e intervalos não são consideradas como normas de saúde, higiene e segurança do trabalho para os fins do disposto neste artigo. (Brasil, 2017, grifo nosso)

Há, ainda, diversos preceitos autorizadores da negociação coletiva trabalhista que possibilitaram meios de suprimir os direitos e as garantias trabalhistas, quando deveriam preservar a agregação e o aperfeiçoamento das condições de contratação e gestão da força de trabalho no ambiente empregatício.

Podemos mencionar o novo art. 611-A, *caput* e incisos I a XV, e parágrafos de 1º a 5º; o novo art. 611-B, *caput*, incisos I a XXX e parágrafo único (já mencionados); o novo art. 614, parágrafo 3º; o novo texto do art. 620, todos da CLT. Tais preceitos combinam-se com o novo texto do art. 8º, parágrafos 2º e 3º, e com o novo texto do art. 702, que determina as competências do tribunal pleno, ambos também da CLT, vejamos:

Art. 611-A. A convenção coletiva e o acordo coletivo de trabalho têm prevalência sobre a lei quando, entre outros, dispuserem sobre:
I – Pacto quanto à jornada de trabalho, observados os limites constitucionais;
II – Banco de horas anual;
III – intervalo intrajornada, respeitado o limite mínimo de trinta minutos para jornadas superiores a seis horas;
IV – Adesão ao Programa Seguro-Emprego (PSE), de que trata a Lei no 13.189, de 19 de novembro de 2015;

V – Plano de cargos, salários e funções compatíveis com a condição pessoal do empregado, bem como identificação dos cargos que se enquadram como funções de confiança;
VI – Regulamento empresarial;
VII – Representante dos trabalhadores no local de trabalho;
VIII – Teletrabalho, regime de sobreaviso, e trabalho intermitente;
IX – Remuneração por produtividade, incluídas as gorjetas percebidas pelo empregado, e remuneração por desempenho individual;
X – Modalidade de registro de jornada de trabalho;
XI – Troca do dia de feriado;
XII – Enquadramento do grau de insalubridade;
XII – Enquadramento do grau de insalubridade;
XIII – Prorrogação de jornada em ambientes insalubres, sem licença prévia das autoridades competentes do Ministério do Trabalho;
XIV – Prêmios de incentivo em bens ou serviços, eventualmente concedidos em programas de incentivo;
XV – Participação nos lucros ou resultados da empresa.
§ 1º No exame da convenção coletiva ou do acordo coletivo de trabalho, a Justiça do Trabalho observará o disposto no § 3o do art. 8o desta Consolidação.
§ 2º A inexistência de expressa indicação de contrapartidas recíprocas em convenção coletiva ou acordo coletivo de trabalho não ensejará sua nulidade por não caracterizar um vício do negócio jurídico.
§ 3º Se for pactuada cláusula que reduza o salário ou a jornada, a convenção coletiva ou o acordo coletivo de trabalho deverão prever a proteção dos empregados contra dispensa imotivada durante o prazo de vigência do instrumento coletivo.
§ 4º Na hipótese de procedência de ação anulatória de cláusula de convenção coletiva ou de acordo coletivo de trabalho, quando houver a cláusula compensatória, esta deverá ser igualmente anulada, sem repetição do indébito.
§ 5º Os sindicatos subscritores de convenção coletiva ou de acordo coletivo de trabalho deverão participar, como litisconsortes necessários, em ação individual ou coletiva, que tenha como objeto a anulação de cláusulas desses instrumentos.
[...]
Art. 614. Os Sindicatos convenentes ou as empresas acordantes promoverão, conjunta ou separadamente, dentro de 8 (oito) dias da assinatura da Convenção ou Acordo, o depósito de uma via do mesmo, para fins de registro e arquivo, no Departamento Nacional do Trabalho, em se tratando de instrumento de caráter nacional ou interestadual, ou nos órgãos regionais do Ministério do Trabalho e Previdência Social, nos demais casos.
[...]

> § 3º Não será permitido estipular duração de convenção coletiva ou acordo coletivo de trabalho superior a dois anos, sendo vedada a ultratividade.
> [...]
> Art. 620. As condições estabelecidas em acordo coletivo de trabalho sempre prevalecerão sobre as estipuladas em convenção coletiva de trabalho.
> [...]
> Art. 8º. As autoridades administrativas e a Justiça do Trabalho, na falta de disposições legais ou contratuais, decidirão, conforme o caso, pela jurisprudência, por analogia, por equidade e outros princípios e normas gerais de direito, principalmente do direito do trabalho, e, ainda, de acordo com os usos e costumes, o direito comparado, mas sempre de maneira que nenhum interesse de classe ou particular prevaleça sobre o interesse público.
> § 2º Súmulas e outros enunciados de jurisprudência editados pelo Tribunal Superior do Trabalho e pelos Tribunais Regionais do Trabalho não poderão restringir direitos legalmente previstos nem criar obrigações que não estejam previstas em lei.
> § 3º No exame de convenção coletiva ou acordo coletivo de trabalho, a Justiça do Trabalho analisará exclusivamente a conformidade dos elementos essenciais do negócio jurídico, respeitado o disposto no art. 104 da Lei no 10.406, de 10 de janeiro de 2002 (Código Civil), e balizará sua atuação pelo princípio da intervenção mínima na autonomia da vontade coletiva. (Brasil, 1943; 2017)

Por fim, no campo do direito processual do trabalho, a nova legislação arrola vários dispositivos que restringem a cidadania processual constitucional, considerada a seara das relações trabalhistas. Portanto, trata-se de um conjunto articulado de dispositivos que tornam difícil ou, até mesmo, inviável à pessoa humana vulnerável e hipossuficiente que vive de seu trabalho questionar, perante o Poder Judiciário, as afrontas constitucionais ou convencionais internacionais promovidas pela nova lei, sem contar as lesões consideradas ocorridas ao longo da relação empregatícia (Delgado, 2019). As alterações drásticas advindas da Reforma Trabalhista resultam em:

a. preceitos que limitam, drasticamente, o acesso à Justiça por parte do trabalhador brasileiro (em afronta ao princípio constitucional do amplo acesso à Justiça – art. 5º, XXXV, CF/1988);

b. regras que diminuem e/ou descaracterizam, manifestamente, o instituto constitucional da Justiça gratuita (em afronta ao instituto firmemente assegurado pelo art. 5º, LXXIV, CF/1988);
c. preceitos que instigam o magistrado do Trabalho a desempenhar papel severíssimo na condução do processo judicial;
d. dispositivos que inserem a prescrição intercorrente na fase executória do processo judicial trabalhista.

Perguntas & respostas

No campo do direito processual do trabalho, a nova legislação arrola vários dispositivos que restringem a cidadania processual constitucional, considerada a seara das relações trabalhistas, tratando-se de um conjunto articulado de dispositivos que tornam difícil ou, até mesmo, inviável à pessoa humana vulnerável e hipossuficiente que vive de seu trabalho questionar, perante o Poder Judiciário, as afrontas constitucionais ou convencionais internacionais promovidas pela nova Lei, sem contar as lesões consideradas ocorridas ao longo da relação empregatícia. Podemos dizer que a reforma trouxe mais direitos aos trabalhadores ou os restringiu?

As alterações drásticas advindas da Reforma Trabalhista resultam em: a) preceitos que limitam, drasticamente, o acesso à Justiça por parte do trabalhador brasileiro (em afronta ao princípio constitucional do amplo acesso à Justiça – art. 5º, XXXV, CF/1988); b) regras que diminuem e/ou descaracterizam, manifestamente, o instituto constitucional da Justiça gratuita (em afronta ao instituto firmemente assegurado pelo art. 5º, LXXIV, CF/1988); c) preceitos que instigam o magistrado do Trabalho a desempenhar papel severíssimo na condução do processo judicial; d) dispositivos que inserem a prescrição intercorrente na fase executória do processo judicial trabalhista.

6.4 Impactos da Reforma Trabalhista nos sindicatos

A Lei n. 13.467/2017, buscando modernizar e flexibilizar a relação trabalhista brasileira, desencadeou na CLT imensos impactos desfavoráveis para o proletariado e a classe sindical e favoráveis para empresas, sobretudo com relação à liberdade que foi concedida para ambas as partes, concedendo a possibilidade de que os pactos fossem sobrepostos à legislação e suprimindo direitos e garantias legalmente previstos, o que gerou verdadeiro retrocesso à legislação trabalhista.

Já estudamos algumas das mudanças oriundas da Reforma Trabalhista, e a medida de mais destaque proveniente do evento corresponde ao ato de extinguir a contribuição sindical obrigatória, que anteriormente era cobrada a todos os empregados.

Para Queiroz (2017), tal extinção traz o enfraquecimento do poder de ação das entidades sindicais de defesa das categorias, especialmente em razão da fragmentação da representação sindical via terceirização e pejotização; da prevalência da negociação sobre a lei e do acordo sobre a convenção, independentemente de ser ou não mais vantajoso para o trabalhador. Além disso, também se refere à ampliação das possibilidades de negociação individual, à eliminação da ultratividade de acordo ou convenção, ao fortalecimento da comissão representativa dos trabalhadores no local de trabalho em detrimento do sindicato, que perde atribuição e fica excluído do processo de organização da eleição dos representantes dos trabalhadores, levando-o, consequentemente, à asfixia financeira e dificuldade de acesso à Justiça do Trabalho (Queiroz, 2017).

O sindicato perdeu alguns de seus poderes para auxiliar os trabalhadores na luta por seus direitos, podendo, dessa forma, ser submetido às vontades do empregador na realização de acordos que não são vantajosos para ele, quiçá para o empregado.

Assim, a nova legislação trabalhista oriunda da Lei n. 13.467/2017, flexibilizando a atuação sindical, subtrai poderes das entidades sindicais na assistência dos trabalhadores, independentemente da categoria, reduzindo-o a atividades secundárias, sob argumentos mentirosos de que, sem contribuição, continuariam atuantes como antes.

6.5 Impactos da Reforma Trabalhista nas negociações coletivas

Com o avanço da sociedade e da tecnologia, devemos levar em conta o impacto gerado nas relações pessoais e interpessoais, pois estas passaram a sofrer diversas transformações em suas essências, modificando a dinâmica da vida em sociedade nos mais diversos setores. Isso, consequentemente, altera o modo da fala, dos costumes, do comportamento, da dinâmica e, em especial, muda exponencialmente a relação entre empregado e empregador em um curto período de tempo, modificando a concepção do mundo moderno.

Essas mudanças ocorrem em velocidade elevada e diariamente, acarretando imposição às necessidades humanas no sentido de se moldarem no tempo e no espaço conforme o contexto social.

Sabemos que a função das negociações coletivas é promover equilíbrio das relações trabalhistas, razão pela qual cria contratos coletivos de trabalho aptos a produzir efeitos concretos de forma harmônica e equilibrada, com respeito à autonomia de vontade das partes, pois atende efetivamente às peculiaridades entre os acordantes.

Portanto, a negociação coletiva é uma ferramenta essencial de pacificação social, assegurando o pactuado que gira em torno dos interesses coletivos.

Segundo Nisizaki (2019)[1], aprendemos que:

> A principal mensagem que a Reforma Trabalhista trouxe no contexto das convenções e dos acordos coletivos, foi a valorização na essência que gerou uma grande importância para com os tratados, classificando-os como negócio jurídico, além da maior concretude ao princípio da intervenção mínima do Estado face à autonomia da vontade coletiva, conforme o parágrafo 3º do artigo 8º da Lei 13.467/17. Desse modo, a intenção é restringir maiores interpretações judiciais, condicionando a simples verificação quanto às normas dos acordos ou convenções coletivas, visando segurança jurídica às partes.
>
> Com a entrada em vigor da Reforma Trabalhista, deu-se início a uma nova era no mundo trabalhista, certificando a prevalência do negociado sobre o legislado, ou seja, as convenções e os acordos coletivos, instrumentos das negociações entre empregadores e empregados, terão prevalência sobre a Lei nos casos em que as negociações versarem dentro do rol permitido do artigo 611-A.
>
> [...]
>
> No contexto social vigente, a prevalência do negociado sobre o legislado deve se ater aos princípios e garantias constitucionais para não jogar a sorte os direitos conquistados em uma mesa de negociação, havendo limites expressos dos direitos a serem negociados, estando as vedações no artigo 611-B da mesma Consolidação. Ao fazer uma breve análise deste artigo, pode chegar à conclusão de que o legislador se preocupou com a possível ocorrência de inconstitucionalidade dos acordos e convenções coletivas, de modo a constar um rol taxativo de direitos que não suportam serem objetos das negociações coletivas, constituindo objeto ilícito das negociações coletivas.

O art. 611-B da CLT reafirma a indisponibilidade e os objetos nas negociações coletivas, além de enfatizar a ideia de que a prevalência do negociado sobre o legislado não é absoluto.

---

1 Os assuntos tratados no diploma legal, bem como os objetos ilícitos de convenção coletiva, estão devidamente elencados na Lei n. 13.467/2017, disponível em: <http://www.planalto.gov.br/ccivil_03/_ato2015-2018/2017/lei/l13467.htm>.

Logo, podemos concluir que, quando houver situações sociais e econômicas distintas entre os protagonistas da relação de trabalho, o instrumento coletivo promove verdadeira igualdade para as partes, contemplando direitos trabalhistas para serem negociados, e o princípio da boa-fé objetiva contido nas cláusulas dos acordos coletivos vem para garantir a boa negociação, de forma que se cumpra sua função social protetiva à classe trabalhadora e sejam resguardados os direitos dos empregadores.

Exercício resolvido

1. Com o avanço da sociedade e da tecnologia, devemos levar em conta o impacto gerado nas relações pessoais e interpessoais, pois estas passaram a sofrer diversas transformações em suas essências, modificando a dinâmica da vida em sociedade nos mais diversos setores. Isso, consequentemente, altera o modo da fala, dos costumes, do comportamento, da dinâmica e, em especial, mudou exponencialmente a relação entre empregado e empregador em um curto período de tempo, modificando a concepção do mundo moderno (Nisizaki, 2019). No que diz respeito a esse contexto, avalie as assertivas a seguir e assinale a alternativa correta:
   a. Essas mudanças ocorrem em velocidade lenta, propiciando que as necessidades humanas se mantenham no tempo e no espaço conforme o contexto social.
   b. A função das negociações coletivas é promover o desequilíbrio das relações trabalhistas, razão pela qual extingue contratos coletivos de trabalho aptos a produzir efeitos concretos de forma harmônica e equilibrada, com respeito à autonomia de vontade das partes, pois não atende efetivamente às peculiaridades entre os acordantes.

c. A negociação coletiva é uma ferramenta essencial de pacificação social, assegurando o pactuado que gira em torno dos interesses coletivos.
d. A principal mensagem da Reforma Trabalhista no contexto das convenções e dos acordos coletivos foi a desvalorização na essência que gerou uma grande importância para com os tratados.

Gabarito: c

Feedback **da atividade:** as demais alternativas não estão corretas, pois (a) essas mudanças ocorrem em velocidade elevada e diariamente, acarretando imposição às necessidades humanas no sentido de se moldarem no tempo e no espaço conforme o contexto social; (b) a função das negociações coletivas é de promover equilíbrio as relações trabalhistas, razão pela qual cria contratos coletivos de trabalho aptos a produzir efeitos concretos de forma harmônica e equilibrada, com respeito à autonomia de vontade das partes, pois atende efetivamente às peculiaridades entre os acordantes; (d) a principal mensagem da Reforma Trabalhista no contexto das convenções e dos acordos coletivos foi a valorização na essência que gerou uma grande importância para com os, sendo sua intenção restringir maiores interpretações judiciais, condicionando a simples verificação quanto às normas de acordos ou convenções coletivas, visando segurança jurídica às partes.

Síntese

- Assim como nos negócios jurídicos em geral, o contrato de trabalho começa a existir em determinado instante, cumprindo-se parcialmente ou de modo integral e sofrendo alterações com decorrer do tempo, por fim, chegando à extinção e deixando de existir. O término do contrato de trabalho tem grande relevância no direito de trabalho, com destaque para os princípios aplicáveis a essa fase do contrato de emprego, bem como para as diversas modalidades de terminação contratual e respectivos efeitos jurídicos.
- Existe o término contratual por ato lícito das partes, segundo o sistema jurídico brasileiro, que engloba a dispensa sem justa causa, outras dispensas motivadas, mas sem culpa obreira, e a análise sobre o pedido de demissão por parte do empregado, a par do exame da figura jurídica do distrato. Há, ainda, o término do contrato por ato culposo do empregado, que contempla a dispensa por justa causa obreira e a rescisão indireta do contrato.
- Os princípios atuam na compreensão das regras de direito positivo, seja estendendo ou restringindo o direito, seja assumindo a integralidade de seu papel de norma jurídica. Dessa forma, os princípios não podem deixar de agir com todo o seu potencial. Os princípios especiais justrabalhistas que mais atuam na fase de término do contrato de trabalho são: princípio da continuidade da relação de emprego; princípio das presunções favoráveis ao trabalhador; princípio da norma mais favorável.
- Apesar de todos os contratempos existentes na história do princípio da continuidade da relação de emprego, ele, ainda assim, cumpre, mesmo hoje, razoável importância na ordem justrabalhista brasileira, gerando presunções favoráveis aos trabalhadores. Ademais, torna regra geral os contratos de duração indeterminada no tempo, mantendo como excetivos no direito do trabalho os contratos a termo.

- Verifica-se também como presumida a continuidade da relação empregatícia caso não comprovado (ou incontroverso) seu rompimento, ou seja, o princípio das presunções favoráveis ao trabalhador lança para o ônus da defesa empresarial a prova de ruptura do vínculo empregatício, em contextos processuais de controvérsia sobre o fato. O princípio das presunções favoráveis ao trabalhador foi claramente incorporado pela jurisprudência trabalhista do país na Súmula n. 212 do TST.
- O modelo sindical no Brasil exige que haja diferenciação entre o direito coletivo e o direito individual do trabalho, especialmente no modelo sindical e no conjunto do sistema trabalhista característico do país. Os pilares do modelo trabalhista tradicional eram, em suma, cinco: 1. uma estrutura sindical corporativista; 2. um Ministério do Trabalho gerenciador e interventor; 3. um ramo especializado do Poder Judiciário; 4. um sistema previdenciário organizado por categorias profissionais; 5. uma legislação econômico-profissional reguladora dos contratos de emprego.
- Anteriormente à Reforma Trabalhista, o sindicato da categoria assegurava ao trabalhador que seus direitos trabalhistas seriam cumpridos e que todos os valores e descontos estariam corretos no momento de homologar uma rescisão do contrato de trabalho.
- Com a nova Reforma Trabalhista e a não obrigatoriedade de o trabalhador/empregado estar filiado ao sindicato, essas exigências deixaram de existir, a CLT confere ao trabalhador o direito de levar um advogado no momento da rescisão.
- As inovações provenientes da Reforma Trabalhista ocorreram especialmente em três campos combinados: direito individual do trabalho, direito coletivo do trabalho e direito processual do trabalho. No direito individual do trabalho, houve eliminação, desregulamentação e flexibilização de diversas parcelas trabalhistas que acarretaram a diminuição do valor trabalho na

economia e na sociedade e, em decorrência, no custo trabalhista para o poder econômico. Ainda, as inovações, em sua maioria, debilitam, direta ou indiretamente, os direitos e garantias trabalhistas, exacerbam os poderes contratuais do empregador na relação de emprego e diminuem, acentuadamente, os custos da contratação do trabalho humano pelo poder econômico.

- Com o avanço da sociedade e da tecnologia, devemos levar em conta o impacto gerado nas relações pessoais e interpessoais. No caso de nosso estudo, principalmente no que se refere às alterações concernentes à relação entre empregado e empregador em um curto período de tempo.

ESTUDO DE CASO

Texto introdutório

O presente caso aborda a situação de uma funcionária que foi demitida. Apesar de toda rescisão demandar homologação, a homologação da Evaneide foi realizada sem a presença do sindicato que representa sua categoria. O desafio é indicar o que há de errado na homologação da decisão, com a devida justificativa.

Texto do caso

Evaneide, 30 anos, é funcionária de determinada empresa em sua cidade. Trata-se de uma empregada exemplar, pontual, cordial, responsável, inteligente e esforçada; após três anos de labor, seu empregador resolveu que não precisava mais de seus serviços e optou por demiti-la sem justa causa. A homologação da rescisão ocorreu sem a presença do sindicato que representa a categoria de Evaneide.

Analise a constitucionalidade da homologação da rescisão da funcionária sem a presença do sindicato da categoria com base nos estudos, nos princípios e na legislação vigente. Exponha e exemplifique se há algo de errado na homologação da decisão e, em seguida, justifique.

Resolução

A homologação da rescisão de um contrato de trabalho (individual) decorria, via de regra, de um contrato que tem vigência acima de um ano e deve ser conduzida, obrigatoriamente, no sindicato da categoria profissional ou perante o órgão superior do Trabalho. Na falta destes, pode prestar assistência o representante do Ministério Público ou da Defensoria Pública, onde houver, e o juiz de paz, na falta ou no impedimento das autoridades anteriormente citadas.

Com a nova Reforma Trabalhista e a não obrigatoriedade de o trabalhador/empregado estar filiado ao sindicato, essas exigências deixaram de existir. A CLT confere ao trabalhador o direito de levar um advogado no momento da rescisão, porém é difícil ver um trabalhador que foi demitido ter recursos para contratar um advogado trabalhista para que o acompanhe na conferência desses valores.

Dessa maneira, a ausência do sindicato da categoria passa a não ser impeditivo para a homologação da rescisão do contrato de trabalho após a Reforma Trabalhista.

Dica 1

Houve alteração na participação dos sindicatos na vida dos trabalhadores e empregados independentemente da categoria, medidas advindas da Reforma Trabalhista de 2017.

BRASIL. Lei n. 13.467, de 13 de julho de 2017. **Diário Oficial da União**, Poder Legislativo, Brasília, DF, 14 dez. 2017. Disponível em: <http://www.planalto.gov.br/ccivil_03/_ato2015-2018/2017/lei/l13467.htm>. Acesso em: 16 ago. 2021.

Dica 2

Analise a seguinte ementa: "EMBARGOS DE DECLARAÇÃO NO AGRAVO DE INSTRUMENTO. EMBARGOS RECEBIDOS COMO AGRAVO REGIMENTAL.

PREVIDÊNCIA PRIVADA. ADESÃO FACULTATIVA PRECEDENTES. ALEGAÇÃO DE PRESCRIÇÃO. INOVAÇÃO. 1. Os embargos de declaração opostos objetivando a reforma da decisão do relator, com caráter infringente, devem ser convertidos em agravo regimental, que é o recurso cabível, por força do princípio da fungibilidade. Precedentes: Rcl 11.022-ED, Rel. Min. CÁRMEN LÚCIA, Tribunal Pleno, DJ 7/4/2011; AI 547.827-ED, Rel. Min. DIAS TOFFOLI, 1ª Turma, DJ 9/3/2011; RE 546.525-ED, Rel. Min. ELLEN GRACIE, 2ª Turma, DJ 5/4/2011 e a Pet 4.837-ED, Rel. Min. CÁRMEN LÚCIA, Tribunal Pleno, DJ 14/3/2011 2. O regime de ingresso e participação em regime de previdência privada, nos termos do artigo 202 da Constituição Deveras, é facultativo. Precedentes: RE 482.207-AgR/PR, Segunda Turma, Rel. Min. Eros Grau, DJe 29/5/2009, e RE 600.392-ED/PR, Rel. Min. Ricardo Lewandowski, Segunda Turma, DJe de 29/11/2011. 3. A alegação de prescrição das contribuições previdenciárias constitui inovação tendo em vista que não foi aduzida em sede de recurso extraordinário. É incabível a inovação de argumentos nessa fase processual. Precedente. AI 518.051-AgR/GO, Rel. Min. Ellen Gracie, Segunda Turma, DJ de 17/2/2006. 4. In casu, o acórdão recorrido assentou: "APELAÇÃO CÍVEL - COMPREVI - CARTEIRA DE PREVIDÊNCIA COMPLEMENTAR DOS ESCRIVÃES, NOTÁRIOS E REGISTRADORES - AÇÃO DE DEVOLUÇÃO DE QUANTIAS PAGAS - CARÁTER COMPLEMENTAR E FACULTATIVO DA PREVIDÊNCIA PRIVADA - LIVRE DIREITO DE ASSOCIAÇÃO - NÃO OBRIGATORIEDADE DE FILIAÇÃO E CONTRIBUIÇÃO - JURISPRUDÊNCIA DO SUPERIOR TRIBUNAL DE JUSTIÇA - PRINCÍPIO DA AUTONOMIA DA VONTADE E DA LIBERDADE ASSOCIATIVA - APELAÇÃO CÍVEL CONHECIDA E PROVIDA." 5. Agravo regimental DESPROVIDO". (STF, AI n. 839.848/PR, Relator: Min. Luiz Fux, data de Julgamento: 20/08/2013, Primeira Turma, DJe de 02/09/2013)

BRASIL. Supremo Tribunal Federal. Embargo de Declaração no Agravo de Instrumento n. 839848/PR. **Diário da Justiça**, 3 set. 2013. Disponível em: <https://stf.jusbrasil.com.br/jurisprudencia/24115954/embdecl-no-agravo-de-instrumento-ai-839848-pr-stf>. Acesso em: 16 ago. 2021.

Dica 3

Indicamos a leitura do seguinte artigo:

FERREIRA, D. A liberdade de não filiação sindical das empresas e as contribuições sociais imposta por sindicatos patronais. **Jus**, jan. 2011. Disponível em: <https://jus.com.br/artigos/18210/a-liberdade-de-nao-filiacao-sindical-das-empresas-e-as-contribuicoes-sociais-imposta-por-sindicatos-patronais>. Acesso em: 16 ago. 2021.

CONSIDERAÇÕES FINAIS

O planejamento e o desenvolvimento de um livro demandam um complexo processo de tomadas de decisão. Por essa razão, esses processos representam um posicionamento ideológico e filosófico diante dos temas abordados. Do mesmo modo, a escolha de incluir determinada perspectiva implica a exclusão de outros assuntos igualmente importantes, em decorrência da impossibilidade de dar conta de todas as ramificações que um tópico pode apresentar. Nessa direção, a difícil tarefa de organizar um conjunto de conhecimentos sobre determinado objeto de estudo – no caso deste material, a negociação e as relações sindicais – demandou a construção de relações entre conceitos, constructos e práxis, articulando-se saberes de base teórica e empírica. Em outros termos, estabelecemos uma rede de significados entre saberes, experiências e práticas, assumindo que tais conhecimentos se encontram em constante processo de transformação.

Assim, com base em cada novo olhar, novas associações e novas interações, diferentes interpretações se descortinaram e outras ramificações intra e interdisciplinares se estabeleceram. Embora desafiadora, a natureza dialética da construção do conhecimento é o que sustenta o dinamismo do aprender, movendo-nos em direção à ampliação e à revisão dos saberes.

Ao organizarmos este material, vimo-nos diante de uma infinidade de informações que gostaríamos de apresentar a você. Em razão dessa dinâmica, fizemos escolhas assumindo o compromisso de auxiliá-lo na expansão dos conhecimentos sobre as negociações sindicais.

Assim, a primeira decisão foi a de elaborar uma introdução das normas trabalhistas, de modo a possibilitar a compreensão das relações individuais e coletivas de trabalho.

Os seis capítulos que integram este livro reúnem contribuições referentes aos direitos dos trabalhadores, aos princípios que devem ser obedecidos e à organização sindical. Em outras palavras, de maneira geral, esta obra trata do indivíduo em seu ambiente de trabalho.

REFERÊNCIAS

ALVARENGA, R. Z. A Organização Internacional do Trabalho e a proteção aos direitos humanos do trabalhador. **Revista eletrônica**: acórdãos, sentenças, ementas, artigos e informações. Porto Alegre, v. 3, n. 38, p. 56-71, jan. 2007.

BARCELLOS, A. A. B. **Análise jurídico-antropológica das relações coletivas de trabalho no Brasil**. Salamanca: Ediciones Universidad de Salamanca, 2017.

BARROS, A. M. **Curso de direito do trabalho**. 10. ed. São Paulo: LTr, 2016.

BORBA, J. N. **Legitimidade concorrente na defesa dos interesses e interesses difusos e coletivos**. São Paulo: LTR, 2013.

BRASIL. Constituição (1988). **Constituição da República Federativa do Brasil**. Brasília, DF: Senado Federal: Centro Gráfico, 1988.

BRASIL. Decreto-Lei n. 2.848, de 7 de dezembro de 1940. **Diário Oficial, Poder Executivo**, Rio de Janeiro, 31 dez. 1940. Disponível em: <http://www.planalto.gov.br/ccivil_03/decreto-lei/del2848compilado.htm>. Acesso em: 16 ago. 2021.

BRASIL. Decreto-Lei n. 5.452, de 1 de maio de 1943. **Diário Oficial da União**, Poder Executivo, Brasília, DF, 9 ago. 1943. Disponível em: <http://www.planalto.gov.br/ccivil_03/decreto-lei/del5452.htm>. Acesso em: 16 ago. 2021.

BRASIL. Emenda Constitucional n. 24, de 9 de dezembro de 1999. Diário Oficial da União, Poder Legislativo, Brasília, DF, 10 dez. 1999. Disponível em: <http://www.planalto.gov.br/ccivil_03/constituicao/emendas/emc/emc24.htm>. Acesso em: 16 ago. 2021.

BRASIL. Emenda Constitucional n. 45, de 30 de dezembro de 2004. Diário Oficial da União, Poder Legislativo, Brasília, DF, 30 dez. 2004. Disponível em: <http://www.planalto.gov.br/ccivil_03/constituicao/emendas/emc/emc45.htm>. Acesso em: 16 ago. 2021.

BRASIL. Lei n. 7.783, de 28 de junho de 1989. Diário Oficial da União, Poder Executivo, 29 jun. 1989. Disponível em: <http://www.planalto.gov.br/ccivil_03/leis/l7783.HTM>. Acesso em: 16 ago. 2021.

BRASIL. Lei n. 8.078, de 11 de setembro de 1990. Diário Oficial da União, Poder Legislativo, Brasília, DF, 12 set. 1990. Disponível em: <http://www.planalto.gov.br/ccivil_03/leis/l8078compilado.htm>. Acesso em: 16 ago. 2021.

BRASIL. Lei n. 9.307, de 22 de setembro de 1996. Diário Oficial da União, Poder Legislativo, Brasília, DF, 24 set. 1996. Disponível em: <http://www.planalto.gov.br/ccivil_03/leis/l9307.htm>. Acesso em: 16 ago. 2021.

BRASIL. Lei n. 10.406, de 10 de janeiro de 2002. Diário Oficial da União, Poder Legislativo, Brasília, DF, 11 jan. 2002. Disponível em: <http://www.planalto.gov.br/ccivil_03/leis/2002/L10406compilada.htm>. Acesso em: 16 ago. 2021.

BRASIL. Lei n. 11.648, de 31 de março de 2008. Diário Oficial da União, Poder Executivo, 31 mar. 2008. Disponível em: <http://www.planalto.gov.br/ccivil_03/_ato2007-2010/2008/lei/l11648.htm>. Acesso em: 16 ago. 2021.

BRASIL. Lei n. 13.467, de 13 de julho de 2017. Diário Oficial da União, Poder Legislativo, Brasília, DF, 14 jul. 2017. Disponível em: <http://www.planalto.gov.br/ccivil_03/_ato2015-2018/2017/lei/l13467.htm>. Acesso em: 16 ago. 2021.

BRASIL. Tribunal Superior do Trabalho. Súmula n. 212, de 21 de novembro de 2003. Diário de Justiça. Disponível em: <http://www.coad.com.br/busca/detalhe_16/1168/Sumulas>. Acesso em: 16 ago. 2021.

BRITO FILHO, J. C. M. A sindicalização no serviço público. Curitiba: Gênesis, 1996.

CASSAR, V. B. Direito do trabalho. 9. ed. rev. e atual. Rio de Janeiro: Método, 2014.

CASSAR, V. B. Direito do trabalho. 13. ed. rev., atual e ampl. São Paulo: Método, 2017.

CORREIA, H. Direito do trabalho. 11. ed. Salvador: JusPODIVM, 2018. (Coleção Tribunais e MPU).

DELGADO, M. G. Curso de direito do trabalho. 12. ed. São Paulo: LTr, 2013.

DELGADO, M. G. Curso de direito do trabalho. 13. ed. São Paulo: LTR, 2014.

DELGADO, M. G. Curso de direito do trabalho. 18. ed. São Paulo: LTr, 2019.

DELGADO, M. G. Direito coletivo do trabalho. 3. ed. São Paulo: LTr, 2008.

FADEL, S. S. Ação civil pública. Verbis, n. 2, ago./set: Rio de Janeiro, 1996.

LEITE, C. H. B. Curso de direito do trabalho. 12. ed. São Paulo. Saraiva, 2020.

LENZA, P. Teoria geral da ação civil pública. 2. ed. São Paulo: RT, 2005.

MAGANO, O. B. Manual de direito do trabalho: direito coletivo do trabalho. 2. ed. São Paulo: LTr, 1990.

MANUS, P. P. T. Negociação coletiva e contrato individual de trabalho. São Paulo: Atlas, 2001.

MARTINEZ, L. Curso de direito do trabalho. 11. ed. São Paulo: Saraiva, 2020.

MAZZILLI, H. N. A defesa dos interesses difusos em juízo: meio ambiente, consumidor, patrimônio cultural, patrimônio público e outros interesses. 21. ed. São Paulo: Saraiva, 2008.

MAZZONI, G. Relações coletivas de trabalho. São Paulo: LTR, 1972.

NASCIMENTO, A. M. Compêndio de direito sindical. 3. ed. São Paulo: LTr, 2003.

NASCIMENTO, A. M. Compêndio de direito sindical. 8. ed. São Paulo: LTr, 2015.

NEVES, A. M. Negociação coletiva de trabalho e o princípio da indisponibilidade dos direitos trabalhistas: normas de indisponibilidade absoluta e relativa. 49 f. Monografia (Bacharelado em Direito) – UniEVANGÉLICA, Anápolis, 2019. Disponível em: <http://repositorio.aee.edu.br/bitstream/aee/1260/1/Monografia%20-%20Amanda%20Manente%20Neves.pdf>. Acesso em: 16 ago. 2021.

NETO, F.; CAVALCANTE, J. Direito do trabalho. 7. ed. São Paulo: Atlas, 2013.

NISIZAKI, M. A. O impacto da Lei n. 13.467/17 nas negociações coletivas de trabalho. Empório Direito, 20 ago. 2019. Disponível em: <https://emporiododireito.com.br/leitura/o-impacto-da-lei-n-13-467-17-nas-negociacoes-coletivas-de-trabalho>. Acesso em: 16 ago. 2021.

OIT – Organização Internacional do Trabalho. Convenção n. 87, de 17 de junho de 1948. Disponível em: <http://www.tie-brasil.org/Documentos/convencao87-2.pdf>. Acesso em: 16 ago. 2021.

OIT – Organização Internacional do Trabalho. Convenção n. 98, de 8 de junho de 1949. Disponível em: <https://legis.senado.leg.br/sdleg-getter/documento?dm=4699187>. Acesso em: 16 ago. 2021.

OIT – Organização Internacional do Trabalho. Convenção n. 135, de 2 de junho de 1971. Disponível em: <https://www.ilo.org/brasilia/convencoes/WCMS_235867/lang--pt/index.htm>. Acesso em: 16 ago. 2021.

OLIVEIRA, M. H. M. Considerações sobre os direitos transindividuais. Cognitio Juris, João Pessoa, v. 2, n. 1, 2011.

PINTO, J. A. R. Direito sindical e coletivo do trabalho. São Paulo: LTR, 1998.

QUEIROZ, A. (Org). Reforma trabalhista e seus reflexos sobre os trabalhadores e suas entidades representativas. Brasília: Diap, 2017.

ROMAR. C. T. M. Direito do trabalho esquematizado. 5. ed. São Paulo: Saraiva Educação, 2018.

RENZETTI, R. Direito do trabalho: teoria e questões práticas. 5. ed. São Paulo. Forense, 2018.

RESENDE, R. Direito do trabalho. 8. ed. São Paulo: Método, 2019.

SILVA, J. A. **Curso de direito constitucional positivo**. 32. ed. São Paulo: Malheiros, 2009.

SÜSSEKIND, A. Integração das Convenções da OIT na legislação social: trabalhista brasileira. **Imprenta**, Rio de Janeiro, v. 8, n. 5, 1985.

SÜSSEKIND, A. **Convenções da OIT**. 2. ed. São Paulo: LTr, 1998.

SÜSSEKIND, A. **Direito internacional do trabalho**. São Paulo: LTr, 1987.

SÜSSEKIND, A. et al. **Instituições de direito do trabalho**. São Paulo: LTr, 2002.

TARTUCE, F.; NEVES, D. A. A. **Manual de direito do consumidor**: direito material e processual. 2. ed. São Paulo: Método, 2013.

TARANTI, P. G. **Dicionário básico jurídico**: termos e expressões. São Paulo: Clube de Autores, 2011.

ZAVASCKI, T. A. **Processo coletivo**: tutela de direitos coletivos e tutela coletiva de direitos. 4. ed. São Paulo: RT, 2009.

BIBLIOGRAFIA COMENTADA

DELGADO, M. G. **Curso de direito do trabalho.** 18. ed. São Paulo: LTr, 2019.

Livro decorrente de sólida formação e experiência jurídicas, associando, na medida ideal, consistência teórica e espírito prático do autor, que nos proporcionou contribuição doutrinária diferenciada, tornando-se indispensável à produção deste material. A obra está revisada e atualizada de acordo com a Reforma Trabalhista e com as diversas inovações normativas e jurisprudenciais surgidas ao longo do ano de 2019 e no início do ano de 2020. O autor busca enfrentar, com técnica e equilíbrio, os diversos desafios decorrentes da Reforma Trabalhista e seus desdobramentos no período subsequente, a par das demais mudanças inseridas na legislação e na jurisprudência do TST e do STF sobre o direito do trabalho.

LEITE, C. H. B. **Curso de direito do trabalho.** 12. ed. São Paulo: Saraiva, 2020.

Escrito em linguagem simples e de ótima compreensão, sendo direta e descomplicada, contudo, é de sólida argumentação jurídica e com excelente fundamentação, a referida edição é fruto de vasta pesquisa científica do autor. Apresenta a nova abordagem hermenêutica do direito do trabalho sob o prisma dos direitos fundamentais sociais trabalhistas – todos reconhecidos na Constituição Federal e nos Tratados Internacionais de Direitos Humanos. A nova edição contém atualizações, especialmente sobre a Lei n. 13.467/2017 (Reforma Trabalhista); o Decreto n. 9.507/2018, que dispõe sobre terceirização na Administração Pública; a Lei n. 13.874/2019, que institui a Declaração de Direitos de Liberdade Econômica e altera dispositivos da CLT; o Decreto n. 10.060/2019, que regulamenta o trabalho temporário; e a Portaria n. 1.065/2019, que disciplina a Carteira de Trabalho Digital e contém um anexo com a MP n. 905/2019 (Contrato Verde e Amarelo).

NISIZAKI, M. A. O impacto da Lei n. 13.467/17 nas negociações coletivas de trabalho. **Empório Direito**, 2019. Disponível em: <https://bit.ly/3ov8bnd>. Acesso em: 16 ago. 2021.

Artigo rico em discussão acerca da Lei n. 13.467/2017, que passou a vigorar no ordenamento jurídico brasileiro alterando mais de uma centena de artigos da CLT, trazendo novas previsões no direito material, processual e previdenciário.

OIT – Organização Internacional do Trabalho. **Convenção n. 87**: relativa à liberdade sindical e proteção ao direito de sindicalização. Disponível em: <https://bit.ly/3j0WV0X>. Acesso em: 16 ago. 2021.

A Convenção n. 87 da OIT dispõe que a liberdade sindical plena consiste "no direito dos empregadores e trabalhadores, sem distinção e intervenção estatal, de constituírem as organizações que consideram convenientes, assim como de se filiarem a essas organizações ou delas se desligarem".

RENZETTI, R. **Direito do trabalho**: teoria e questões práticas. 5. ed. São Paulo: Forense, 2018.

Livro que foi escrito após a observação vasta do autor das necessidades de seus alunos, adota linguagem clara e simples com acesso rápido aos dispositivos de leis e à jurisprudência dos tribunais.

Leva ao leitor um pouco da sala de aula, dispondo de todo conteúdo necessário para o estudo em um único livro.

TARTUCE, F.; NEVES, D. A. A. **Manual de direito do consumidor**: direito material e processual. 2. ed. São Paulo: Método, 2013.

Obra que procura analisar os principais conceitos e as construções que constam da Lei n. 8.079/1990, nos aspectos materiais e processuais. É organizado conforme a divisão metodológica constante daquela lei. Os dispositivos do Código de Defesa do Consumidor importantes à seara material e processual são devidamente comentados, acompanhados de posicionamentos doutrinários e jurisprudenciais recentes, bem como da análise de exemplos práticos, retirados da experiência dos autores na advocacia, na atuação consultiva ou na docência. É um direcionado a todo o público jurídico: magistrados, promotores de justiça, procuradores, advogados, estudantes de graduação e de pós-graduação.

ZAVASCKI, T. A. **Processo coletivo**: tutela de direitos coletivos e tutela coletiva de direitos. 4. ed. São Paulo: RT, 2009.

Livro que aborda as diversas modificações legislativas ocorridas principalmente a partir de 1985 de modo substancial, ou seja, não apenas o Código de Processo, mas o próprio sistema processual nele consagrado. Trata de subsistema com objetivos próprios (a tutela de direitos coletivos e a tutela coletiva de direitos), que são alcançados à base de instrumentos próprios (ações civis públicas, ações civis coletivas, ações de controle concentrado de constitucionalidade, em suas várias modalidades), fundado em princípios e regras próprios, o que confere ao processo coletivo uma identidade bem definida no cenário processual.

SOBRE A AUTORA

Giselly Santos Mendes é mestre em Qualidade Ambiental pela Universidade FEEVALE/RS, graduada em Tecnologia de Polímeros – Ênfase em Gestão da Qualidade e Administração de Empresas. Tem experiência nas áreas de garantia da qualidade, auditorias internas, processos industriais, materiais poliméricos, ensaios mecânicos e sistemas de gestão ISO 9001 e ISO 14001. Atua na iniciação científica e no aperfeiçoamento acadêmico nas temáticas de inovação, gestão do conhecimento organizacional, gestão ambiental, sustentabilidade e inovação ambiental.

Os papéis utilizados neste livro, certificados por instituições ambientais competentes, são recicláveis, provenientes de fontes renováveis e, portanto, um meio **respons**ável e natural de informação e conhecimento.

FSC
www.fsc.org
MISTO
Papel produzido a partir de fontes responsáveis
FSC® C103535

Impressão: Reproset
Setembro/2021